21 días en serenidad

UN PROGRAMA DE 21 DÍAS PARA RECUPERAR LA CALMA Y LA PAZ INTERIOR

Ana Palacios de las Casas

Título original: *21 días en serenidad*

Primera edición: Julio 2018

www.editorialkolima.com

Autor: Ana Palacios de las Casas
Dirección editorial: Marta Prieto Asirón
Maquetación de cubierta: Sergio Santos Palmero
Maquetación: Carolina Hernández Alarcón
Colaboradores: Alba Marina Brezo Herrero

ISBN: 978-84-16994-91-5
Depósito legal:M-19908-2018
Impreso en España

Bienvenidos a estos 21 días en serenidad, un tiempo en el que tú y yo compartiremos momentos de quietud para la mente y armonía para el corazón.

Quiero agradecerte tu participación en este proyecto diseñado desde el amor, con el deseo de que te des permiso para generar la enorme energía interna que se mueve dentro de ti, dentro de mí, en gratitud, aceptación, bienestar, creatividad y amor una energía que es real, que es verdad, para que se pueda percibir como una señal de tranquilidad en un mundo apresurado.

Índice

Prefacio 7
Día 1. La búsqueda 11
Día 2. Cada día es un renacer 15
Día 3. Amor y gratitud 19
Día 4. Segundas oportunidades... y terceras... y... 23
Día 5. Razón o paz en el corazón 27
Día 6. Desaprendiendo 31
Día 7. Mi ventana de luz.¿Me conozco? 35
Día 8. Control emocional 43
Día 9. ¿Qué puedo hacer por ti? 49
Día 10. Vivir nuestro tiempo 55
Día 11. Quien se enfada... sale perdiendo 59
Día 12. Debería... Tengo que... Quiero... 65
Día 13. Gente difícil 69
Día 14. Alimenta tu paz 74
Día 15. Las expectativas 77
Día 16. Perdonando 81
Día 17. Supongamos que... 87
Día 18. La felicidad 90
Día 19. Con pasión 95
Día 20. ¿Y qué tal si hablamos de amor? 103
Día 21. Volver a los diecisiete 109
Y hasta que volvamos a compartir un espacio de tiempo... 117
Agradecimientos 123
Bibliografía 125

Prefacio

Bip...bip...bip...suena el despertador. Son las 06:30 h y empieza la jornada para María, para Luis, para muchos... y así como ellos, a cada minuto que pasa se van incorporando más personas, todas ellas unidas por un denominador común: adelantarse al minuto siguiente, tener la capacidad de controlar lo que va a pasar, y de esa manera estar preparados para el siguiente desafío, que no es otro que vivir el día a día y, a veces, sobrevivirlo.

En ese frenesí empieza la toma de decisiones, que en algún momento del día nos generará alegría, satisfacción... Y también pueden aparecer las frustraciones, los enfados, las sensaciones de carencia en diversas circunstancias de la vida, que tiñen el panorama de tonalidades descoloridas, y entonces dentro de nuestro ser se rompe la armonía y perdemos la serenidad dejando paso a más frustración y al miedo.

Así, estos 21 días llegan como un espacio de reflexión para:

- Generar una reconexión interior para creer y crear
- Establecer una conexión con la gente que está a tu alrededor desde una nueva perspectiva
- Tener la oportunidad para pensar y ver la vida de manera diferente
- Tomar acciones desde una nueva perspectiva
- Aportar una visión real de ti mismo en la que ya eres perfecto en tus imperfecciones

Este programa de 21 días no pretende dar soluciones, pero sí entregar un momento para que cada uno realice una pausa, haga una parada en su vertiginosa vida y recuerde que, por encima de cualquier situación por la que esté pasando, cuenta con el milagro de la vida.

Así, aunque solo dure cinco minutos, o tres, o el tiempo que dediques a leer cada día, este libro te aportará un bálsamo de tranquilidad, un descanso, y aunque solo sea por ese instante, te permitirás vivir el momento presente.

Es una oportunidad para tener un espacio propio, un momento íntegramente tuyo en el día, un tiempo en el que puedas parar, en el que se puedas reflexionar sobre puntos y temas tan extremadamente sencillos y básicos que precisamente por eso han dejado de ser el foco de nuestra atención, lo que nos ha alejado de nuestro centro y de nuestra esencia.

Y, cuando sientas la libertad de darte permiso para experimentarlo, tu día, tu vida cotidiana fluirá de otra manera.

Permíteme empezar con este saludo, *Namasté,* que es una expresión originaria de la India y que se usa en algunos países de Asia. Traducida del sánscrito significa «*lo divino en mí se inclina a lo divino en ti*». En la cultura occidental, el yoga le ha atribuido un significado muy profundo e inspirador:

«*Honro ese lugar en ti donde reside el Universo entero.*

Honro el lugar dentro de ti, de amor y luz, de verdad y paz. Cuando tú estás en ese lugar en ti y yo estoy en ese lugar en mí, somos solo Uno».

namasté

Día 1. La búsqueda

El miedo solo es amor que no fluye, o en otras palabras, ausencia de amor, al igual que la oscuridad es la ausencia de luz y el frío es la ausencia de calor.

NEALE DONALD WALSCH

En el tiempo que nos está tocando vivir, la aceleración se hace presente en cada segundo de nuestras existencias; casi sin ser plenamente conscientes de ello estamos participando en una competición muy semejante a la de la Fórmula 1, en la que cada segundo o décima de segundo en una vuelta te puede conducir a la meta, a esa victoria tan deseada. Pero, en la gran mayoría de los casos, el objetivo de la carrera está tan centrado en llegar, que se paga un precio: el abandono de nuestro centro, de nuestro equilibrio y, en consecuencia, dejamos de ser uno, de estar en unidad, de ser en unidad.

Al conversar e intercambiar sensaciones e ideas con la gente que está a mi alrededor pude comprobar que lo que más se echa en falta en general es la capacidad de conservar la serenidad, de permanecer en serenidad en cada vuelta del «circuito de la vida».

Pero definamos lo que significa la serenidad:

«Es esa actitud de las personas de responder ante cualquier evento o situación sin dejarse arrebatar por sentimientos o emociones desestabilizadoras. Una persona serena es una persona pacífica y en paz con su entorno, con los demás y consigo mismo».

Todo el mundo, aunque no se sepa ni se diga, está buscando un espacio de calma, serenidad y tranquilidad en su vida. Muchas veces esta búsqueda resulta infructuosa porque no se han aprendido los métodos para llegar a encontrarla.

Quizás se busca en la solución a una determinada situación y no nos damos cuenta de que no es desde fuera donde la alcanzaremos sino desde la actitud interior, desde lo más profundo de nuestro ser.

La serenidad es aceptación y confianza, tranquilidad y fe, tanto en uno mismo como en las circunstancias que nos rodean, que han ocurrido, que ocurren y que ocurrirán.

Todos deseamos ser felices y esta vida es una perpetua búsqueda de felicidad y amor, aunque a veces parezca lo contrario.

En la búsqueda del estado de serenidad aparece a menudo un gran antagonista, un guerrero feroz que se llama miedo o temor. ¿Quién no ha recibido alguna vez la visita de este personaje?

Personalmente confieso que durante muchos años viví atenazada y custodiada por su armadura, cediéndole el control en cada vuelta del circuito de mi vida.

Esto por supuesto desgasta. Pero, ¿qué es el miedo?

Un día encontré, «por casualidad»[1] la que para mí es la mejor definición del miedo y que pertenece al escritor Neale

1 Me permitirás recordarte que las casualidades no existen, porque todo llega en el momento perfecto que Dios, o el Universo, o el Poder Superior o como lo quieras llamar, tiene reservado para ti.

Donald Walsch y encabeza el comienzo de este primer día de reflexión.

La primera vez que la leí me quedé sin palabras, sin aliento... sencillamente conmovida por su profundidad, a mi modo de sentir muy cierta porque en nuestra naturaleza está el amor; es nuestra esencia y su ausencia es la que deja paso libre al miedo.

Te invito a que la reflexión de este primer día sea sobre este punto.

¿Qué has sentido cuando se ha producido la ausencia de amor en tu vida? La ausencia de amor hacia ti mismo, porque todo análisis, todo proyecto encaminado a obtener tu mejor versión empieza dentro de ti, es decir, desde la esencia de tu ser hacia el mundo y no al revés, porque, aunque nos resistimos a creerlo, todo lo que buscamos fuera ya está dentro de nosotros, solo hay que dejar que el amor fluya y eso no es tan difícil.

Y, para que empecemos la búsqueda de forma serena, acompaña este primer día con la vibración musical de esta delicada canción interpretada por Enya, *Only time...* Porque solo el tiempo sabe que aquí y ahora estamos moviendo la energía de estos *21 días en serenidad.*

Puedes descargarte la canción con ayuda de este bidi:

Y solo tú serás el arquitecto de tu nuevo «circuito de vida» de la forma en la que, desde el amor, te permitas sintonizar con la serenidad.

Día 2. Cada día es un renacer

El secreto más profundo es que la vida no es un proceso de descubrimiento, sino un proceso de creación. No os descubrís a vosotros mismos, sino que os creáis a vosotros mismos de nuevo. Tratáis, por lo tanto, no de averiguar quiénes sois, sino de determinar quiénes queréis ser.

NEALE DONALD WALSCH

Por la mañana no se despierta... ¡se renace!

Se dice que el que busca, encuentra.

Ayer empezamos nuestra búsqueda para mantenernos en serenidad y el primer escalón nos ha llevado a preguntarnos cómo hemos sentido y vivido los momentos de ausencia de amor hacia nosotros mismos.

Tal vez esa reflexión te haya dejado sin aliento por un momento. Como ves, los pilares de tu nuevo circuito de vida están muy centrados en el respeto a ti mismo: en reconocer tus fortalezas y aceptar tus fragilidades. Ese respeto es el que nos lleva a ser coherentes con nuestra esencia y a reafirmar que todos somos merecedores de tranquilidad, paz, armonía y bienestar[2]. «*Porque yo lo valgo*» me amo lo suficiente como para permitirme estar en serenidad conmigo mismo y con el mundo que me rodea.

Cada día es un renacer y por eso he querido compartir contigo el mensaje que encabeza este capítulo y que ha sido

2 Me gusta mucho el eslogan de L´Oréal.

extraído del libro *Conversaciones con Dios I* de Neale Donald Walsch.

Cada momento es único, no hay instantes vacíos, y solo se pueden vivir en el presente, en el aquí y ahora.

Para cambiar nuestro hábito mental y que el renacimiento diario nos vaya situando en la vibración de la serenidad, nada más levantarnos empecemos a hacernos estas preguntas:

- ¿Cómo quiero ser hoy durante el día?
- ¿Qué tipo de persona quiero ser solo por hoy?

No tenemos garantizado qué va a pasar, ni qué vamos a hacer mañana. Entonces vivamos el hoy, el aquí y ahora. Respondamos a estas preguntas día a día; la respuesta puede ser la misma o ir cambiando. Simplemente date permiso para que así sea y no te canses de renacer y mostrar una versión mejorada de ti mismo!

Cada día es único y tú eres único.

Para hoy no tengo una reflexión sino tres preguntas con sus respectivas respuestas que casi casi te digo que deberían convertirse en un mantra a tener en cuenta cada vez que sintamos ausencia de amor y de enfoque.

Cuando las encontré causaron en mí un gran impacto en cuerpo, mente y espíritu. Las extraje de la parte final de la película *El guerrero pacífico*:

- ¿Dónde estás? Aquí
- ¿Qué hora es? Ahora
- ¿Quién eres? Este momento

Y solo por hoy permítete no reaccionar desde la rabia, el enfado, la desilusión, la estrechez, la carencia... sino desde el fluir del amor que sientes hacia ti, que no desea que te hagas daño con esas emociones de baja vibración.

Como decía el filósofo Epícteto: «*No podemos elegir nuestras circunstancias externas pero siempre podemos elegir cómo responder a ellas*».

Y ahora disfruta de este regalo musical que nos hace el pianista coreano Yiruma con la composición *It´s your day*.

Puedes descargarte la canción con ayuda de este bidi:

Día 3. Amor y gratitud

Gracias a la vida, que me ha dado tanto
Me dio dos luceros, que cuando los abro,
Perfecto distingo lo negro del blanco
Y en el alto cielo su fondo estrellado
Y en las multitudes el hombre que yo amo.

Canción *Gracias a la vida,* Violeta Parra

Me encanta tocar el tema de la gratitud porque siento que es un sentimiento, una emoción de lo más balsámica en la vida.

Está comprobado que la gratitud es una de las actitudes que más nos llena de júbilo. Estar agradecido hace que te sientas bien y mejora tu salud. Ser agradecido te llena de felicidad, y no solamente a ti, sino también a los que te rodean.

Hay que agradecer cada situación que se presenta en nuestra vida, sea esta buena o no tan buena, porque algo habremos aprendido siempre. Así podremos proseguir con nuestra vida en armonía.

Se trata de expresar gratitud ante las cosas simples y cotidianas de la vida, que muchas veces se han vuelto rutinarias y por lo tanto se han dejado de percibir. Como el deleite que puede producir el aroma del café caliente en el desayuno, el ver y poder admirar el azul del cielo que acoge a las más caprichosas nubes que con sus originales formas nos invitan a dar rienda suelta a la imaginación permitiéndonos ser niños otra vez... O dar gracias por el nuevo día, que nos ofrece la oportunidad de empezar de nuevo.

Expresar gratitud en estas y todas circunstancias activa nuestro organismo con endorfinas, las cuales promueven la calma, crean un estado de bienestar, mejoran el humor, reducen el dolor, potencian las funciones del sistema inmunitario y brindan sensación de satisfacción emocional, entre otros beneficios.

Y qué decir del amor, que es el sentimiento universal y que tiene la facultad de poder ser expresado de muchas maneras.

Pero lo que resulta muy importante es poder contestar a la pregunta: ¿cuál es la fuente del amor?, ¿de dónde viene? Quiero compartir contigo mi experiencia, extraída de todos los libros que llegaron a mí referentes al tema de cómo encontrar serenidad, equilibrio, bienestar, y de mi propia andadura por la vida. Siento que el amor hacia ti mismo es lo más importante porque es la respuesta a estas preguntas: la fuente procede de mí, procede de ti, no viene de fuera, nunca está fuera porque entonces existiría la carencia y no se puede dar lo que no se tiene.

El amor hacia ti mismo es un estado placentero desde el cual te sientes completo. Entonces estás listo para compartir con los demás porque ya está identificado en ti y por ti mismo. Ahí no hay carencia sino abundancia.

A veces, debido a los paradigmas y modelos con los que crecimos, se pueden tardar años en comprender que todo el tiempo ha estado en nosotros mismos, y es en este momento de la verdad, del descubrimiento del amor hacia ti mismo, cuando vuelves a sentir la luz, a verte como un ser de luz.

Ese es el momento de expresar gratitud a la vida, y cuando expresas gratitud por ser fuente de amor, tu estado vuelve a ser en-unidad, es decir, de serenidad.

La reflexión de hoy viene de la extraordinaria interpretación de «la Negra» Mercedes Sosa, que hizo que la letra compuesta por esa gran poetisa chilena, Violeta Parra, se convirtiera en un himno a la vida... en la invitación a dar... *que me ha dado tanto...*

Puedes descargarte la canción con ayuda de este bidi:

Día 4. Segundas oportunidades... y terceras... y...

Así también, cuántas veces nos lamentamos por lo que hemos dejado pasar y olvidamos que en nuestra mano nos queda todavía un tesoro que no hemos perdido, el tesoro de lo que la vida nos ha dejado y que por supuesto nos hace más afortunados que otros que ni siquiera tienen hoy esto que nosotros tenemos.

Jorge Bucay

Volveraempezarnoesfracasar,volveraempezares concederseunanuevaoportunidad,retomarlossueños,luchar porloquesequiere,serfielaunomismoybuscarlafelicidad. Notemasvolveraempezar,cadadíaesunanuevaoportunidad.

Te doy la bienvenida para compartir este cuarto día que va de oportunidades en la vida.

Hay momentos en los que habrás experimentado cierta frustración que, cual gota de agua que cae en un charquito, produjo tantas ondas alrededor de tu equilibrio que te hizo perder la serenidad porque pensaste que el fracaso o la equivocación habían llegado a tu vida. Y, como consecuencia de ese pensamiento, se generó una emoción de insatisfacción que por supuesto llegó acompañada del temor.

Pero, afortunadamente, por esa ley universal de la sincronicidad, las oportunidades no solo aparecen una vez; también tenemos segundas oportunidades, y terceras, y cuartas y... en fin, de eso nos ha dejado pruebas Thomas Alva Edison, quien, para llegar a inventar la bombilla se dio a sí mismo más de mil intentos, que él no llamó «fracasos» sino mil descubrimientos de cómo no hacer una bombilla.

Te recuerdo que todo está en cómo quieras reaccionar a lo que te sucede.

Me permitirás que solo por hoy compartamos este cuento que escuché de Jorge Bucay, gran profesional argentino al que me gusta seguir de vez en cuando, y que va sobre las oportunidades[3]:

«*Esta es la historia de un pescador que tenía un lugar propio, pequeño, en una playa abandonada, y que todas las mañanas repetía la misma rutina: se levantaba, se daba un baño, le daba un beso en la frente a sus hijos y aún de madrugada salía a la playa.*

Con sus pies descalzos desenredaba sus redes durante un largo rato y, antes de que saliera el sol, se ocupaba de entrar en el mar y tender sus redes para que cuando los peces se acercaran él pudiera obtener una buena pesca que luego vendía en el mercado y utilizaba también para alimentarse.

Y así era su vida, una vida llena de satisfacciones, sin holguras, sin carencias, llena del placer que le daba su trabajo, que amaba verdaderamente.

Una madrugada, como siempre, bajó a la playa, extendió sus redes y se metió en el mar, y... de repente tropezó con algo muy duro en el fondo del mar.

3 Extraído de su participación en un programa matutino en RNE en octubre de 2009.

Él conocía a la perfección esa zona porque era el trozo de mar que cada día recorría de la misma forma y por eso se extrañó.

Con el pie tanteó y sintió que eran como piedras dentro de algo parecido a un saco muy rústico.

Metió la mano y movió la red y siguió su faena, pero nuevamente se tropezó con el saco y entonces decidió sacarlo, quitarlo de su camino y con un poquito de esfuerzo lo sacó, lo abrió y comenzó a lanzar lo más lejos posible cada piedra que había dentro.

A todo esto, las piedras eran bastante pesadas, y conforme las iba sacando una a una, se preguntaba quién habría sido el insensato que había puesto el saco allí, en su territorio, para molestarlo, para hacerle daño cuando realizaba su faena.

Y con toda la fuerza de la que era capaz, las lanzó una a una, hasta que contó nada menos que veintitrés.

Cuando le quedaba la última, el sol empezaba a salir y se detuvo a mirarla. Era una piedra rara porque tenía unos destellos de brillo. Entonces la curiosidad hizo que se la frotara en la ropa y, para su sorpresa, ante los rayos del sol que despuntaba, descubrió que era una piedra de oro puro.

Entonces empezó a lamentarse por haber sido tan torpe y haber perdido una fortuna con las otras veintitrés piedras lanzadas, y cuando se estaba sintiendo desolado, miró su mano y vio que todavía le quedaba esa piedra de oro y que no todo estaba perdido».

La sugerencia musical de hoy viene con el incomparable Louis Armstrong y su *What a wonderful world.*

Puedes descargarte la canción con ayuda de este bidi:

Día 5. Razón o paz en el corazón

No le des a nadie el poder de arruinar tu día[4].

En el día a día a veces se presenta esta disyuntiva: ¿qué quiero tener, la razón o paz en el corazón?

Y aquí es donde suelen empezar los momentos que nos producen tensión y pueden alterar el estado de tranquilidad y serenidad en el que nos encontramos o al que estamos tratando de llegar.

Hay personas a las cuales, en el afán de imponer su idea, no les importa enemistarse con familiares, amigos, compañeros de trabajo, etc. porque se creen poseedoras de la verdad. Y ese deseo de tener la razón les hace sentirse perfectas, duras, capaces y amadas, cuando en realidad es muy probable que todo ese interés esconda un profundo temor a no ser queridas, a ser rechazadas.

Hace un tiempo «por casualidad» escuché en televisión una charla sobre esto precisamente, de ahí que haya decidido compartir contigo lo que expuso María Elvira Pombo, terapeuta colombiana, en ese programa[5]:

Paranuestrobienestaresimportantemanteneruna posicióndesdeelamorynodesdelasensacióndefrustración porentrarenunjuegode«alguienganayelotropierde».

4 Fuente: www.autocoachingpnl.com

5 Programa El DIario de Diana, 1-8-2016.

Cuando nos encontramos con personas que quieren imponer sus ideas teniendo la razón, podemos actuar con serenidad, teniendo presente que cada uno tiene derecho a opinar, pero siempre sin juzgar. ¿Cuándo juzgo? Cuando dices: «esto es blanco», «esto es negro», «esto debe ser así», etc. Y, ¿cuándo opino? Cuando dices: «a mí me parece», «yo lo haría», «yo sugiero»...

Se trata de compartir la forma en cómo ves las cosas pero sin esperar tener la razón y sin esperar que la otra persona esté de acuerdo.

Hay otras situaciones en las que tal vez por miedo, o por pereza de pelear o por evitar una confrontación, uno guarda silencio. Aquí la cuestión es preguntarse o sentir: ¿qué me da más libertad, poner el límite o guardar silencio? Y eso solo lo puedes decidir tú en el momento en que lo estás viviendo.

Y, si al expresarte, si al dar tu opinión tratan de combatir tu idea, puedes mantenerte en tu centro y decir que te encanta escuchar, que los demás expresen su punto de vista, que no tienen por qué ser coincidentes con el tuyo, pues todos tenemos derecho a expresarnos.

Cuando se llega a la discusión, el resultado será que uno gana y el otro pierde.

Entonces... ¿cómo podemos aportar una dosis de serenidad para lograr un resultado de ganar-ganar y quedarnos con paz en el corazón?

Lo más importante es no olvidar que ese afán de tener razón aparece porque nos está dominando un miedo. Si ponemos una pequeña dosis de amor y comprensión para rebajar ese miedo, las palabras mágicas saldrán del corazón: «¿qué es lo que te daría tranquilidad?»

Podemos expresar nuestro punto de vista, «yo pienso que esto puede ser así», pero diciéndole al otro: «¿qué te daría a ti tranquilidad?, ¿por qué no aplicamos una combinación de ambos puntos de vista?»

Hay otra frase divina para ayudar, para reequilibrar una situación de tensión cuando estamos frente a alguien que se encuentra en un momento avasallador, y es decirle, a manera de pregunta: «¿Qué es lo que te angustia?» Esta es otra forma de liberar el miedo y elegir tener paz en el corazón.

Ser amable con quien no te agrada no significa que seas hipócrita... significa que tienes la suficiente madurez como para tolerar su personalidad.

El regalito de hoy es un ejercicio de respiración para recuperar o intentar no perder la serenidad por toda la rabia y el coraje que pueden producirnos estas situaciones y que nos incitan a llevarnos por delante todo lo que tenemos enfrente nuestro. Este ejercicio es muy sencillo y te sugiero que lo pruebes en el momento que quieras.

Inhala profundo, despacio y contando lentamente hasta 4, retienes el aire contando hasta 4 y exhalas lentamente contando hasta 4.

Repite esta operación por lo menos tres veces y de esta manera se volverá a acompasar la respiración y ese nudo, esa «pelota dura» que se forma en el estómago, se irá disolviendo.

Para mayor facilidad, te dejo aquí esta grabación que te puede servir de guía para poder realizar este ejercicio. Puedes descargártelo con ayuda de este bidi:

La respiración, la intención de soltar el miedo, da claridad y libera la necesidad de tener la razón.

Y por hoy te dejo practicando esta respiración relajante.

Día 6. Desaprendiendo

Nacimos con inocencia y amor, después aprendimos a desconfiar y temer; parece que va siendo hora de desaprender para volver al inicio.

JUAN G. MÁRQUEZ

Si cambias de pensamiento cambias tus emociones. Si cambias tus emociones cambias tu actitud. Si cambias tu actitud cambias tu vida. Si cambias tu vida cambias tu destino. Esta es la alquimia de tu vida.

Y ahora nos toca desaprender un poco y desprendernos de viejos paradigmas que ya no nos son de utilidad y nos roban la serenidad.

Durante los últimos cuatro años he venido experimentando cambios importantes en mi modo de ver las cosas, de actuar, de afrontar cada situación y, sobre todo, de empezar a usar el «derecho de admisión».

¡Humm!... te preguntarás: ¿qué es eso del derecho de admisión?

Pues no es una frase precisamente fruto de mi inspiración; la leí en un libro, pero me resuena mucho y me he quedado con ella porque todos poseemos esa capacidad de darnos permiso para ser nosotros mismos, para mostrarnos de una manera más real y también para reservarnos el derecho de admitir pensamientos o sentimientos que vienen de lo que don Miguel Ruiz, en su libro *La Maestría del Amor*, denomina la «domesticación a los seres humanos».

Permíteme compartir este fragmento que resulta muy revelador:

«Una vez captada la atención de los niños, les enseñamos un lenguaje, les enseñamos a leer, a comportarse y a soñar de un modo determinado.

Domesticamos a los seres humanos de la misma manera que domesticamos a un perro o a cualquier otro animal: con castigos y premios. Esto es perfectamente normal. Lo que llamamos 'educación' no es otra cosa que la domesticación del ser humano.

Al principio tenemos miedo de que nos castiguen, pero más tarde también tenemos miedo de no recibir la recompensa, de no ser lo bastante buenos para mamá y papá o un hermano o un profesor.

De este modo es como nace la necesidad de ser aceptado. Antes de eso no nos importaba si lo éramos o no. Las opiniones de la gente no eran importantes, y no lo eran porque solo queríamos jugar y vivir en el presente.

El miedo a no conseguir la recompensa se convierte en el miedo a ser rechazados. Y el miedo a no ser lo bastante buenos para otra persona es lo que hace que intentemos cambiar, lo que nos hace crear una imagen. Imagen que intentamos proyectar según lo que quieren que seamos, solo para ser aceptados, solo para recibir el 'premio'».

Nos acostumbramos con facilidad a este «miedo a no ser...», tanto a lo que nos beneficia como a lo que nos perjudica, porque así lo hemos aprendido.

Hemos aprendido a ser y actuar de tal manera que es necesario hacer un alto para reflexionar si eso nos ha dado más momentos buenos que situaciones desagradables, porque, de ser esto último, tendremos que «desaprender», eliminar, borrar esos hábitos, ese viejo *software* que nos quita espacio para disfrutar de la vida, para vivirla en serenidad, pase lo que pase, vengan los problemas que vengan, porque solo así tendremos la capacidad de reaccionar y responder desde la libertad.

César Lozano, mexicano, médico de profesión y reconocido conferenciante en Latinoamérica, autor de varios libros enfocados a la obtención de mejores relaciones humanas, expresa lo siguiente en su libro *Destellos, reflexiones que darán más luz a tu vida*:

«*No olvides que somos seres creados para sentir amor, para dar amor y desear todas las cosas buenas de la vida a quienes nos rodean, a quienes se cruzan en nuestro camino.*

Debemos aprender y seguir aprendiendo que Dios nos quiere alegres, y que si en nuestro contacto con la gente damos amor y alegría, eso atraeremos para nosotros.

Si mucho de lo que hemos aprendido no nos beneficia, ni beneficia a quienes nos rodean, 'desaprendámoslo'.

Un antiguo proverbio chino dice: 'Para beber un buen vino que está en una copa llena de té, primero hay que tirar el té, y después servir y beber el vino'.

Desechemos lo que nos impide ser felices, vivamos intensamente el hoy, porque el tiempo pasa y no regresa».

Solo por hoy, déjate llevar por los sonidos mágicos de esta melodía, *It´s my turn* en la voz de Diana Ross... porque es tu turno para ser auténticamente tú.

Puedes descargarte la canción con ayuda de este bidi:

Día 7. Mi ventana de luz. ¿Me conozco?

Cuando buscas la felicidad empieza por abrir una ventana para conocerte a ti mismo, dejando, que los demás te conozcan, quitándote la máscara de tu área privada, sabiendo discriminar qué tipo de información revelarás al grupo y, por último, no temas averiguar qué huellas dejas tras de ti preguntando cómo te ven; que te den detalles de tu carácter y del impacto que dejas en ellos.

PILAR TORRIJOS GIJÓN

¡Muy buen día y muy buen domingo!

El fin de semana podría decirse que es un tiempo de regalo para hacer lo que más te gusta, un tiempo totalmente tuyo, de libre disposición.

Después de estos seis intensos días que venimos compartiendo tú y yo, en los cuales estamos enfocados en reconocer las situaciones, los pensamientos, las emociones, las actitudes, etc. que benefician o perturban nuestro estado de serenidad, tan valioso para poder vivir cada día con conciencia la perfección del Universo y recordar que siempre está en nuestra mano la llave para recuperarla, hoy te invito a jugar un poco.

Este juego es un ejercicio que consta de dos preguntas cuyas respuestas nos ayudarán a conocernos mejor.

No olvides que el objetivo del programa es que puedas mantenerte en serenidad. Para ello, uno de los pasos importantes es conocerse a uno mismo. A través del propio conocimiento podrás potenciar tus fortalezas y hacer algo para cambiar tus fragilidades, pues si eres capaz de identificar tus emociones, podrás manejarlas y controlarlas mejor. Esto no significa que las reprimas, sino que, al ser consciente de ellas, puedes aprovecharlas en beneficio tuyo y de los que te rodean.

El ejercicio se conoce como la *Ventana de Johari* y debe su nombre a sus creadores: Joseph Luft y Harrington Ingham.

Es una herramienta muy útil y lo bueno es que puedes aplicarla a diferentes entornos y situaciones. Pero a pesar de ser tan versátil, siempre persigue el mismo fin:

- Ampliar la idea que tienes de ti mismo
- Ser consciente de tu propia personalidad
- Fortalecer vínculos con los demás

Entonces, coge un papel y lápiz y... ¡vamos a empezar!

Comencemos dibujando un cuadrado al que le pondremos una escala, tal y como lo muestra el dibujo de abajo:

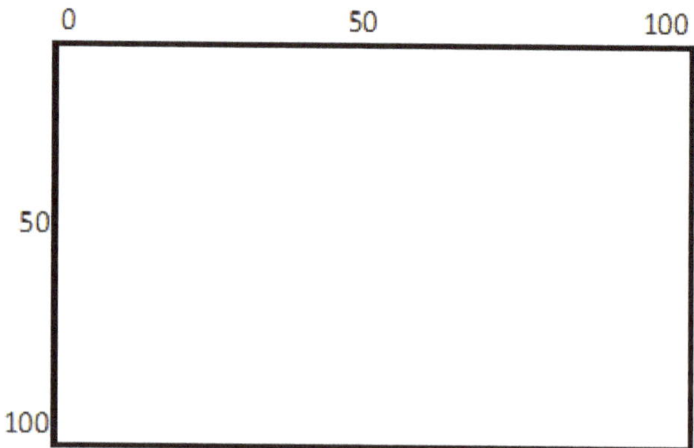

La primera pregunta se marcará en la línea horizontal y a la segunda pregunta le corresponderá la línea vertical.

Es muy importante que seas muy honesto contigo mismo al dar las respuestas.

La escala marcada es de 0 a 100, donde 0 significa absolutamente nada, 50, que no estás siendo muy sincero contigo mismo y 100 es absolutamente todo. Por ejemplo, para la primera pregunta puedes sentir que tu respuesta corresponde al 67, o a un 40, o a un 79... eso lo decides tú. Y lo mismo para la segunda pregunta.

¿Estás listo? Bien, allá vamos, pero primero elige a qué entorno quieres aplicar las respuestas, esto es, a un entorno familiar, o un entorno social cercano, o laboral, o social menos cercano, y de esta manera tu respuesta será más precisa.

Pregunta 1 (eje horizontal): *¿Cuánto escucho, cuánto me importa lo que los demás opinan de mí?*

En esta pregunta lo importante es dejar claro si escucho lo que me dicen, si presto atención, con independencia de que luego obedezca o no, o de que permita que lo que me dicen me influya o no.

Pregunta 2 (eje vertical): *¿Cuánto me animo a decir lo que pienso, con independencia de que al otro le guste o no?*

Aquí se te pregunta si te animas a decir lo que piensas, sin necesidad de ser cruel. Si te haces cargo de lo que dices con todas sus consecuencias.

Bien, con esas dos referencias traza dos líneas. Ahora el cuadrado debe haber quedado dividido en cuatro partes. Cada una de ellas significa un aspecto de tu Yo desde estos ángulos:

1. Yo libre
2. Yo negado
3. Yo escondido
4. Yo oculto

Esto lo puedes entender mejor con este gráfico:

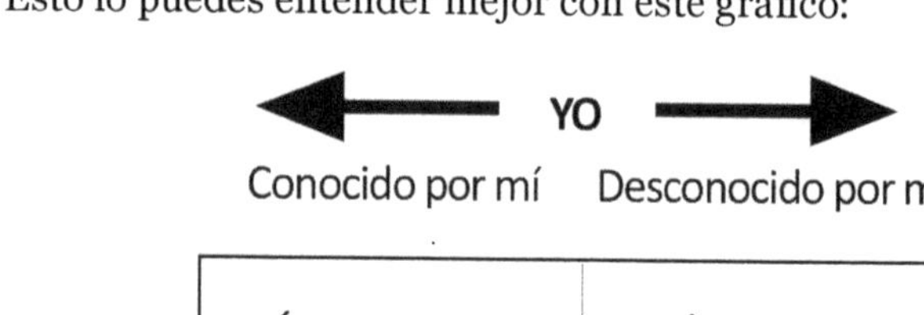

LOS OTROS / LOS DEMÁS	Conocido por mí	Desconocido por mí
Los demás conocen	Área pública 1 Yo libre	Área ciega 2 Yo negado
Los demás no conocen	Área privada 3 Yo secreto	Área desconocida 4 Yo oculto

¿Cómo se interpreta cada ventana?

1. *Yo libre o «área pública»:* representa lo que yo sé de mí mismo y lo que los demás conocen sobre mí. Aquí las suposiciones no existen, la información fluye con total tranquilidad y despreocupación. Es la «ventana de luz».

   Te importa lo que digan y piensen de ti porque te importa conocerte mejor, porque el otro, los demás, ven lo que tú no puedes ver de ti. Pero escuchar y que te importe lo que dicen de ti no quiere decir obedecer ni someterse a la opinión del otro. Lo importante es escuchar para estar abierto.

   De las cuatro zonas, esta es la más dinámica de todas porque en ella se produce el intercambio de información, aquí es donde se fortalecen los vínculos con los demás y donde se genera el autoconocimiento.

Se puede resumir en «dar y recibir *feedback*», «compartes y escuchas» y gracias a ello te ves a ti mismo tal y como te perciben los demás.

2. *Yo negado:* lo que tú desconoces de ti mismo pero los demás sí conocen y no te lo dicen o no quieres escucharlo. El «área ciega» es como el ángulo muerto del yo; por más que miro no veo nada.

   Son palabras, miradas, tics nerviosos, muletillas, gestos recurrentes que nos pasan desapercibidos, información que se nos escapa y de la que no somos conscientes pero que el grupo sí percibe y además saca conclusiones de ello.

   Aquí también se encuentran aspectos de la personalidad que nadie se ha atrevido a revelarte y que por lo tanto no has corregido por desconocerlos.

   Esta área se puede mejorar solicitando información al grupo; solo así se perfeccionan habilidades, se corrigen defectos y se es más productivo.

   Cada persona es dueña de poner sus propios límites. Solo a ti te corresponde decidir lo que quieres saber, teniendo en cuenta que hay momentos en los que no se encaja muy bien la información que se nos da.

3. *Yo escondido, yo secreto o «área privada»:* lo que tú conoces pero los demás no conocen de ti. Contiene aspectos que no deseas revelar a los demás ni compartir con nadie. Forma parte de tu yo más íntimo y personal.

   La información en forma de hechos, pensamientos, experiencias del pasado, miedos, etc., se mantiene escondida y oculta a ojos y oídos de los demás. Unas veces será por ocultar vicios, para no mostrar debilidad, por vergüenza, y otras veces simplemente por timidez y modestia.

¿Hay que preocuparse por tener mucha información privada oculta a los demás? Por supuesto que no ya que esto ocurre continuamente cuando no hay suficiente confianza con el grupo, cuando temes sentirte rechazado o si crees que la información puede ser manipulada.

No todo en el área privada es material delicado; también puede haber información insignificante que aún no has tenido ocasión de compartir hasta que por fin se presente la oportunidad de hacerlo.

4. *Yo oculto o «área desconocida»:* lo que tú y los demás desconocen de ti. Contiene aspectos de tu personalidad que nadie sabe, ni siquiera tú. Y en realidad los ignoras porque, al no haber vivido determinadas situaciones, no puedes conocer con certeza cuál sería tu reacción y el comportamiento que adoptarías llegado el caso.

   En esta área se incluyen habilidades en potencia, talentos y destrezas aún no desarrollados, ya sea por falta de formación o de oportunidad, emociones latentes, sentimientos inexplorados porque no se ha vivido aún la situación propicia para sentirlos, miedos, fobias o aversiones que no sabes que tienes.

   La información desconocida que de pronto se descubre puede tomar diferentes caminos: hacia el área pública, si la compartes con los demás; hacia el área ciega, si es observada por los demás pero no te la revelan; y camino del área privada, si eres tú el que la descubres y decides mantenerla oculta.

Por último hay que mencionar que las líneas que dividen los cuatro cuadrantes, cual cortinilla o telón, se pueden desplazar de un lado a otro y reducir o ampliar los cuadrantes entre sí.

¿Te ha gustado? Se lo escuché también en una entrevista a Jorge Bucay y me pareció muy interesante. Después procedí a documentarme al respecto[6] y he querido compartirlo contigo.

Puedes ver la entrevista que le hicieron en el programa de televisión argentino *Animales sueltos,* conducido por Alejandro Fantino el 17 de julio de 2015 en el que explica la dinámica de la *Ventana de Johari* con la sencilla maestría que posee Jorge Bucay, con la ayuda de este bidi:

Y ahora te dejo mirando desde tu ventana de luz al mundo... ¡Hasta mañana!

6 Nota sobre la Ventana de Johari del blog «el blog del mando intermedio».

Día 8. Control emocional

Los cuentos de hadas pueden hacerse realidad; te puede pasar a ti, si eres joven de corazón...

De la canción *Young at heart*, FRANK SINATRA

¡Empezamos una nueva semana!

¿Cómo te fue ayer con tu *Ventana de Johari*? Espero haberte aportado una nueva herramienta para que te conozcas un poco más. Pero sobre todo ten presente que solo tú te puedes dar permiso para ir abriendo la ventana a la vida, y que, aunque puedas pensar que ya es difícil cambiar, la llave para hacerlo está siempre en tu mano... solo depende de que decidas dar el primer paso. Parafraseando al astronauta Neil Armstrong, puedes decir: «*es un pequeño paso en mi cambio mental pero un gran salto para vivir en serenidad*».

En el siglo XXI la inteligencia emocional se define como «una habilidad para percibir, asimilar, comprender y regular las propias emociones y las de los demás, promoviendo un crecimiento emocional e intelectual».

Saber relacionarnos, hablar y escuchar, comunicar y gestionar emociones, ser asertivo, tomar decisiones, aceptar cumplidos... todo eso nos convierte en personas más capaces y dispuestas a afrontar los problemas de la vida.

¿Cómo lograr el equilibrio interno?

Respirando conscientemente, escuchando tus emociones y sentimientos, meditando para acallar tu mente, orando para conectarte con la fuente, expresando lo que sientes sin reprimirlo, asintiendo a la vida y a todo lo que ella te trae, aceptando todos tus aspectos sin rechazar nada y viviendo el momento... el aquí y ahora.

La neurociencia ha confirmado la plasticidad del cerebro y con ello las infinitas posibilidades de regenerar conexiones neuronales que permiten desarrollar habilidades que no estaban dentro de nuestro catálogo de opciones.

Esto quiere decir que si nos lo proponemos con decisión podemos incorporar nuevos hábitos, nuevas formas de reaccionar ante situaciones recurrentes y esto nos lo demuestra una persona que aplica la inteligencia emocional, el control de sus emociones en su día a día.

Muchas veces nos decimos a nosotros mismos «es que yo siempre he sido así y es muy difícil que cambie», o también frases como esta: «bueno, si le caigo mal no es mi problema», o esta otra: «es que me tiene tanta manía y yo no le hago nada».

Todas estas situaciones nos van sumergiendo poco a poco en el océano del miedo, y ya sabemos qué es el miedo ¿verdad?... Ausencia de amor, empezando por el amor a ti mismo, y esto hace que no seas consciente de la capacidad que tienes de poner en marcha las infinitas posibilidades que tu cerebro, yendo de la mano de tu corazón, puede hacer surgir en ti, dejando paso a una versión mejorada de ti mismo.

Quizá haya aparecido el pensamiento y palabras limitantes como «es que es muy difícil...» Aquí te pido que te unas a mis fuerzas y demos juntos el primer paso aplicando el «derecho de admisión a pensamientos limitantes» que, como vimos el sexto día, hemos empezado a desaprender, a rechazar o desechar, ¿no es así?

Así, con decisión, paciencia y perseverancia, te veré como en esta figura:

Bueno... no me refiero a como una rana sino en ese estado de bienestar... ¡Ommmmm!

Vamos a compartir dieciséis hábitos, habilidades que presenta una persona emocionalmente inteligente. Para empezar, escogeremos aquella que sabemos que tenemos y a la que solo le falta reforzarse, para que quede incorporada en el cerebro, en nuestro lado de «reacciones automáticas», por así llamarlo.

Las personas emocionalmente inteligentes[7]:

1. Reconocen sus sentimientos y los de los demás
2. Expresan correctamente sus emociones y sus pensamientos de una manera honesta consigo mismas y con los demás
3. Son fuertes y no se ofenden con facilidad
4. Reconocen cuándo se equivocan y rectifican porque saben que de los errores se aprende y no se sienten víctimas. También piden perdón de corazón y perdonan
5. No buscan la perfección. Saben que la perfección es una ilusión que lleva a tener expectativas demasiado distorsionadas respecto de la realidad. La perfección es una trampa, una manera de retenerte y mantenerte en la parálisis por el análisis

7 Extraído de Befullness.com por Ana Vico.

6. Se cuidan y saben lo importante que es la salud. Saben qué conductas las benefician y no dudan en llevarlas a cabo pues son conscientes de que solo tenemos un cuerpo y una vida
7. Se enfocan en lo positivo aun en la adversidad. Prefieren mantener el foco en lo positivo de cada situación sin dedicar demasiado tiempo a lo negativo
8. Se rodean de gente alegre y con buenas vibraciones. Suelen relacionarse con personas que sean buenas influencias y que las llenen
9. Defienden su asertividad sabiendo decir NO. La asertividad es saber decir aquello que sientes y quieres respetando tus derechos y los de los demás
10. Aprecian y valoran lo que tienen. No centran su atención en la carencia ni se frustran por ello
11. Saben pasar página y no anclarse al pasado. Han aprendido a cerrar etapas y han elegido vivir en el presente, con lo cual viven con menos ansiedad y estrés
12. Conocen sus debilidades y sus fortalezas y mejoran continuamente. Esto proviene de un proceso de autoconocimiento profundo. Manifiestan altos valores de resiliencia, que es la capacidad de reponerse tras una caída o evento
13. No les asusta cambiar porque saben que el cambio forma parte de la vida y negarlo es negar la vida misma. Abrazan la incertidumbre y aceptan que hay cosas que no pueden controlar. Cambiar pensamientos, formas de actuar, creencias… todo forma parte del viaje del desarrollo personal
14. Son proactivos, no reactivos, es decir se mueven antes que la situación lo exija. Miran la vida desde una perspectiva de aprendizaje y no de victimismo

15. Son dueños de su tiempo y deciden en qué emplean su energía, porque conocen cuáles son sus valores y los nutren continuamente empleando su tiempo y sus días en aquello que les apasiona y que dan a los demás como un regalo
16. Saben autogenerarse momentos de felicidad, porque la felicidad no es algo que venga del exterior, que haya que recibir desde fuera; la felicidad es una forma de ver la vida y vivirla

Como ves, estas personas manejan las emociones a su gusto y eligen cómo sentirse en cada situación. De esta manera saben generar emociones agradables que las ayuden en su día a día.

Y, para terminar, solo por hoy, concéntrate al menos quince segundos en tu respiración... verás cómo este pequeño gesto te sitúa en el momento presente, aquí y ahora.

El regalo musical del día viene con Frank Sinatra interpretando *Young at heart*.

Puedes descargarte la canción con ayuda de este bidi:

Si te das permiso, que tu mente y tu corazón caminen de la mano...

Laserenidadnoesestarasalvodelatormenta,sino encontrar paz en medio de ella.

Día 9. ¿Qué puedo hacer por ti?

La mayoría de la gente inicia las relaciones con las miras puestas en lo que puede sacar de ellas. El objetivo de una relación es decidir qué parte de ti mismo quisieras ver 'descubierta'; no qué parte de la otra persona puedes capturar y conservar.

NEALE DONALD WALSCH

Esta es una pregunta que tiene un grandísimo abanico de posibles respuestas. Hoy me comprometo a algunas acciones que pueden hacer feliz a la gente:

- Sonreír
- Elogiar sinceramente
- Ser agradecido
- Manifestar aprecio
- Dar un abrazo
- Enviar un saludo por correo a alguien
- Regalar una flor
- Apoyar al otro en sus proyectos personales
- Enseñar algo
- Decir ¡te quiero!

Cuántas de estas acciones se pueden calificar de «simples» y, sin embargo, en algún momento de tu vida probablemente las hayas desechado pensando que no era suficiente para ofrecer apoyo, acompañamiento o ayuda a alguien que sentiste o sabías que lo necesitaba.

A veces, una sonrisa, un halago, dar un abrazo expresando amor sin que tenga que ser en una fecha especial sino simplemente porque te nace hacerlo... o llevarle un regalo a un amigo para compartir unos minutos de alegría y sorprenderlo. En fin, son tantos pequeños detalles que pueden hacer algo por alguien en un momento, porque –y aquí está el secreto– estás dando y esa persona está recibiendo.

Dar y recibir genera una energía infinitamente divina que actúa como un *boomerang*.

Pero un *boomerang* no es un *ping-pong*, y digo esto porque la tendencia del ser humano es pensar y desear (el pensamiento genera emoción) que si le doy algo a alguien, esa persona de alguna manera debería devolvérmelo, debería reconocer el valor que tiene lo que le he dado, lo que he hecho por ella. Y aquí es donde está el error, porque al dar recibirás; el *boomerang* no se equivoca y no regresa en vacío, pero no necesariamente de donde o de quien tú querías recibir; eso sería una expectativa que nublaría tu visión, que la acortaría y no te permitiría ver lo que estás recibiendo, lo que tienes a tu alrededor.

Y esto ocurre con mucha frecuencia, principalmente en las relaciones de pareja.

Y aquí quiero aprovechar para citar nuevamente a Neale Donald Walsch, que en su libro *Conversaciones con Dios I,* comparte el siguiente mensaje, cuyo primer párrafo encabeza este capítulo.

«Resulta muy romántico decir que tú no eras 'nada' hasta que llegó esa otra persona tan especial, pero no es

cierto. Y, lo que es peor, supone una increíble presión sobre esa persona, forzándola a hacer una serie de cosas que no es.

Al no querer 'desengañarte', trata con gran esfuerzo de ser y hacer esas cosas, hasta que ya no puede más. Ya no puede completar el retrato que te has forjado de él o de ella. Entonces surge el resentimiento y después la cólera.

Finalmente, para salvarse a sí misma (y la relación), esa otra persona especial empieza a recuperar su auténtico yo, actuando más de acuerdo con quien realmente es.

Y en ese momento es cuando dices que 'realmente, ha cambiado'.

Resulta muy romántico decir que, ahora que esa otra persona especial ha entrado en tu vida, te sientes completo. Pero el objetivo de la relación no es tener a otra persona que te complete, sino tener a otra persona con la que compartir tu completitud».

Creo que sobran las palabras porque el pensamiento de carencia, de ausencia de amor en nuestro interior y los condicionamientos de la sociedad, entre otros factores, nos conducen a pensar que nos falta algo para sentirnos completos y que ese algo está fuera de nosotros y solo lo puede aportar otra persona. Pero si no recibimos lo que buscamos con nuestra entrega, al dar con expectativa de recibir para llenarnos, para estar completos, entonces creemos que no ha valido la pena y la sensación de vacío se hace mayor.

Pero dar desde el corazón y recibir sin expectativa es una conexión amorosamente armónica que te mantiene o te devuelve la serenidad.

Quiero compartir contigo el motivo de poner en marcha este programa, este proyecto de *21 días en serenidad*.

Recuerda primero cómo funciona el cerebro:

Un pensamiento → genera una emoción →
que genera una acción

Cuando en mi cerebro nació el pensamiento «¿qué puedo hacer por mí que a su vez pueda aportar algo bueno, algo provechoso a la gente que me rodea?» lo siguiente que apareció en escena (¿cómo no...?) fue un sentimiento, una emoción: agradecer con profundo amor la oportunidad que me daba la vida, que me daba Dios de disponer de tiempo para compartir todos estos conocimientos, en parte adquiridos de la vida, en parte adquiridos de la lectura de libros escritos por diversos profesionales centrados en materias humanísticas, que han ido llegando a mis manos «casualmente», permitiéndome sentir la fuerza arrolladora y a la vez suave y cautivadora del amor que está en mi ser y que me impulsa cada día a esculpirme en una versión mejorada.

Y para que el círculo quede cerrado, era necesaria la acción, que constaba de varios pasos: ir buscando las imágenes apropiadas, las melodías y las canciones que hablasen por sí mismas, recopilar textos, vídeos, y mi pequeña cuota escrita, para que el mensaje de quietud, de serenidad pudiera llegar a ti y a quien así lo desee.

Pero bueno, no siempre ejercí el «derecho de admisión» a esta clase de pensamientos.

Durante muchos años tuve hospedado en mí al miedo (que ya sabemos quién es, ausencia de amor); no vivía el presente, el aquí y ahora, porque estuve atrapada por pensamientos que mantenían un vínculo con el tiempo: recuerdos pasados y expectativas futuras que daban paso a reacciones emocionales desagradables, muy estresantes.

Por este motivo, desde el conocimiento de causa, valoro muchísimo el estado de serenidad y paz interior y siento que el ofrecimiento de «qué puedo hacer por ti» que nace del corazón, sin expectativas y que se puede concretar en sencillos y pequeños detalles, produce un efecto balsámico.

No puedes imaginar todo lo que puedes aportar a alguien, sin necesidad de preguntarle cómo ayudarlo, con un sencillo gesto de reconocimiento, del reconocimiento de que existe, de que es una persona que merece respeto igual que tú y que yo, pero sobre todo, de que en ese preciso momento en que estás haciendo algo por ella, no está sola.

Entonces, te recuerdo –y me recuerdo a mí también– que la llave para mantener un estado de serenidad siempre estará en tu mano... en mi mano... Tú decides a qué pensamientos dar paso; tú eres el único que puede permitirlos.

Y ya te dejo con este secreto: estamos hechos de amor y cuando nuestros pensamientos son críticos y se resisten a lo que es, entonces puedes reconocer que no es tu yo verdadero. Si no es amor, detente y reflexiona.

Esta vez el broche de oro lo pones tú, con tu propia melodía, con la música que saldrá de tu corazón al regalar una sonrisa a todo ser humano que se cruce en tu camino en el día de hoy.

Y si puedes dar una palabra de aliento a alguien o simplemente escucharle... Agradece poder poner en circulación la energía de dar y recibir, y siéntete en serenidad.

Día 10. Vivir nuestro tiempo

No es lo que has hecho, sino lo que no has hecho,
lo que te causa congoja al caer el sol.
La tierna palabra olvidada... la carta que no escribiste...
las flores que no enviaste... son tus fantasmas esta noche,
es la piedra que no apartaste del camino de tu hermano;
el consejo alentador que no te atreviste a dar
esa caricia afectuosa, esa palabra amorosa,
en la que nunca pensaste, sumido en tus propias cosas,
esos pequeños actos ¿tan fáciles de olvidar?
La oportunidad de ser como dioses que tenemos los
mortales... No es aquello que hiciste, sino lo que dejaste de
hacer, lo que debe causarte pena, ahora que cae el sol.

MARGARET SANGSTER

Una de las causas recurrentes de la pérdida de la serenidad es no vivir en el presente.

Las preocupaciones diarias activan continuamente el «modo automático» de nuestro cerebro que busca encontrar soluciones (de situaciones pasadas similares) para tratar de controlar las situaciones y obtener el resultado más provechoso.

Esto hace que nuestra mente se debata en una especie de mesa de *ping-pong* entre el futuro incierto –«¿qué pasará si no resuelvo esto?» o «¿cómo podré hacer aquello?»–, y el pasado, que utilizamos como fuente informativa sobre situaciones similares, como una especie de jurisprudencia que sirve para disminuir la angustia del momento.

Pero, y el momento presente..., ¿dónde queda?

La confianza en el proceso de la vida, en la sabiduría del Universo, de Dios o como prefieras llamarlo, ¿dónde está?

Senosescapadelpensamientoyconellosenosescapala posibilidaddevivirenelaquíyahoraypoderverconmayor amplitud,desenfocandolosaspectosnegativosquetraen sufrimientoyenfocándonosenaquelloquesípodemos disfrutardeloqueyanovemos,deloqueyanosomos conscientesquetenemosytambiénlascosasquedejamosde hacerporquenotenemostiempo...Claroestá,porqueel tiempoalquenosreferimoseselquevendrá,unfuturoque tiene múltiples cosas pendientes de resolver.

Sin darnos cuenta dejamos que la sensación de carencia nos rodee y, cómo no, el miedo nos aceche.

Una vez escuché el poema de Margaret Sangster que encabeza la reflexión de este día.

No es lo que hiciste... sino lo que dejaste de hacer... lo que causa pena, lo que pesa como una losa y nos sumerge en la sensación de infelicidad, nos quita la serenidad porque no dejamos de recordarlo. Pero ten presente que eso pertenece al pasado y se ha quedado allí y que, como cada día es un renacer, estando ahora mismo en este segundo, en este minuto de vida, tienes una segunda oportunidad, o tercera, o... infinita... en la que la vida, dándote tú mismo el permiso para ello, te presenta un «minuto de oro» para que no sigas estando prisionero de eso.

No te compares con nadie, ten la cabeza bien alta y recuerda: no eres ni mejor ni peor, simplemente eres tú y en eso nadie te puede superar.

En algún momento haz una parada en tu vida y pregúntate: ¿qué harías si supieras que hoy es tu último día de vida?

Sé que puede sonar duro y causar un estremecimiento profundo porque el rechazo a la muerte está ahí. Es normal que nadie la busque ni la quiera cerca, pero esta pregunta nos puede conducir a vivir el momento presente con más conciencia y a ser más conscientes.

Ahora te dejo con una charla del doctor Mario Alonso Puig que estoy completamente segura de que es el epílogo perfecto para el mensaje de hoy.

Puedes acceder al vídeo con la ayuda de este bidi:

Fotografía de Andrew Miller

Día 11. Quien se enfada... sale perdiendo

La mente tiende a ser más débil que las emociones, y al hacer esto consciente, aprendemos a reaccionar. No hay nada como la práctica continua, ejercitar nuestra paciencia y la capacidad de reaccionar de modo positivo en las cosas pequeñas de la vida, para evitar conflictos en las relaciones interpersonales.

César Lozano

La imagen de hoy pertenece a la escultura llamada *Amor.* Su creador es el artista ucraniano Alexander Milov y la presentó en el Burning Man Festival del año 2015.

En un primer plano, la escultura representa –en mi opinión magistralmente– el conflicto entre un hombre y una mujer y, en segundo lugar, la expresión interior de la naturaleza humana.

La escultura de dos adultos que se dan la espalda pero cuyos niños interiores solamente quieren acercarse y amar.

¿Qué te parece esta escultura? A mí me llegó al alma porque es la pura verdad.

¿Recuerdas cuando tenías cuatro, cinco o seis años y te enojabas con tu madre, o tu padre, o tu hermano, o un amigo... con quien fuera? ¿Cuánto te duraba el enfado? Poco tiempo, ¿verdad? Y eso es debido a que cuando somos niños no sobredimensionamos las cosas, no hacemos paralelismos con situaciones del pasado recordando cuánto nos dolió esto o aquello, no nos posicionamos en defensa de nuestro ego, que no quiere claudicar y darse por vencido. Lo más importante para un niño es sentir amor a su alrededor en el momento presente.

Igualmente, ahora que somos adultos, nuestro niño interior nos llama y nos pide que le hagamos caso. Si te observas con mucha atención, cuando le escuchas te sientes aliviado, te sientes mejor.

Con solo contemplar esta imagen, te das cuenta de que muchísimas de las cosas que nos enojan son tonterías, son malosentendidos por la falta de comunicación que se produce por nuestro afán de suponer e imaginar lo que la otra persona está pensando, a veces añadiendo una doble o mala intención.

Quizá este hábito erróneo lo tenemos en gran medida las mujeres, pero ya sabemos que lo bueno de la vida es que es constantemente cambiante y cada día es un nuevo renacer, siempre que te des el permiso para que así sea. Y, si así es, tú puedes «desaprender este hábito de suponer y sobreentender cuando no ha habido ninguna comunicación verbal que así lo afirme».

El enfado es una emoción negativa con un inmenso poder seductor que se alimenta a sí misma en una especie de círculo cerrado en el que se despliega un diálogo interno para justificar el hecho de querer descargar la cólera en contra de otro. Siempre encontramos «razones que justifican el enfado», aunque rara vez son buenas.

Dolf Zillmann, psicólogo de la Universidad de Alabama, señala que una de las recetas más efectivas para acabar con el enfado consiste en reencuadrar la situación dentro de un marco más positivo. Para ello, conviene tomar conciencia de los pensamientos que desencadenaron la primera descarga de enojo pues muchas veces una pequeña información adicional sobre esa situación original puede restar toda su fuerza al enfado.

Adicionalmente, Zillmann ha descubierto que alejarse de los estímulos que pueden recordar las causas del enfado y cambiar el foco de atención es otra forma muy efectiva de aplacarlo, pues pone fin a la cadena de pensamientos irritantes, se reduce la excitación fisiológica y se produce una suerte de enfriamiento en el que la cólera va desapareciendo.

A juicio de Zillmann, mediante unas distracciones adecuadas con las que la mente tenga que prestar atención a algo nuevo, diferente y entretenido (como ver una película, dar un paseo, leer un libro o conversar con alguien), es posible modificar el estado anímico y suavizar el enojo, pues es muy difícil que este subsista cuando uno lo está pasando bien.

Recuerdaqueennuestrasrelacionescotidianassiempre habrácríticas,errores,desconciertosytraicionesporestarazón, alprepararnuestramenteymostrarlesun«stop»alos pensamientosqueinmediatamentegeneranemociones violentasydesagradables,habremosempezadoadarlospasos necesariosparaactuarconinteligenciaemocional,conmadurez y mayor eficacia.

El lado fácil de la gente difícil es un libro de César Lozano –a quien ya he hecho referencia en el día 6–. Quiero compartir su apreciación extraída del capítulo 7, que él ha titulado «El club de los corazones… ¡indeseables!»:

«Nos diferenciamos del resto de los animales por nuestro raciocinio y las emociones que experimentamos. Al

presentarse una adversidad, el equilibrio disminuye y las emociones nos hacen actuar de manera inesperada y muchas veces incorrecta.

En las relaciones humanas conflictivas hay tres puntos fundamentales; estos son:

1. *Mantener la calma cuando otros no lo hacen, que es el signo de madurez más importante que existe. Aun cuando por dentro estés hirviendo de coraje o temblando de miedo, demostrar serenidad siempre hará que la gente adopte el ritmo que deseas.*

2. *El que pregunta lleva la batuta y dirige; la persona inteligente no solo es la que contesta correctamente, sino quien sabe formular las preguntas adecuadas. Este principio es clave cuando se trata con personas agresivas. No es necesario confrontarlas con afirmaciones que incrementarán su agresividad. Es más fuerte formular preguntas cuyas respuestas abrirán los ojos y la razón de la persona en cuestión. (Este principio es increíblemente infalible en el proceso de ventas. Un vendedor sabe que el cuestionamiento ayuda a comprender los beneficios del producto que desea comercializar).*

3. *La gente necia siempre existirá; es mejor aceptarlo y adaptarnos. El mundo está lleno de necios que arrojan su frustración contra los demás.*

   No hay mejor técnica para sobrellevarlos que saber que siempre existirán y nos saldrán al paso por todas partes; aprendamos a vivir con ellos.

Te recomiendo que los concibas como niños que intentan persuadirte o agredirte. Visualizarlos como niños nos ayuda a tener compasión y paciencia. Darles cierta importancia, pero no tanta como para que afecten a tu equilibrio emocional».

Cuando lo leí me pareció muy acertado y esto es aplicable a cualquier contexto, ya sea familiar, laboral, de amigos, de pareja, etc.

Por favor, vuelve a mirar la imagen de hoy y recuérdala: tu niño interior, mi niña interior solo quieren recibir y dar amor.

Y para que no te enojes y lo pases mal, Miten y Deva Premal, dos fabulosos intérpretes de mantras y música, te invitan a relajarte y deleitarte escuchando *So much magnificence...* Un regalazo.

Puedes descargarte la canción con ayuda de este bidi:

Día 12. Debería... Tengo que... Quiero...

Quiero y voy a fluir con el despliegue de lo que corresponde hoy.

María Elvira Pombo

Vamos avanzando en nuestro programa de *21 días en serenidad* y hoy el tema escogido son las sensaciones que algunas palabras producen en el cuerpo:

- *Debería...* que en este caso es como una especie de recordatorio que puede sonar como una obligación próxima o como una posibilidad de algo que sería bueno hacer o no hacer
- *Tengo que...* que significa una obligación, me guste o no ejecutarla, y, si no me agrada hacerla, como resultado queda un malestar y la pérdida de la serenidad
- *Quiero...* (que a veces se parece a *tengo ganas de...*), que nos dirige a la sensación de hacer algo gratificante, algo que nos place y nos produce bienestar, pero que también nos puede llevar a incrementar esa lista de cosas pendientes que generan estrés

Lo que ocurre es que hay ocasiones en las que por complacer a alguien, o por no discutir, o por quedar bien, o por muchas otras causas, al utilizar el *debería...* o el *tengo que...*

nos atacamos a nosotros mismos, no escuchamos nuestra voz interior y entonces perdemos energía y serenidad.

En esos momentos, si actuamos desde el corazón, podemos poner en práctica la asertividad, y sin maltratarnos a nosotros, decidir sanamente desde el amor y el respeto, empleando palabras que no ataquen ni sean extremadamente defensivas. Desde la honestidad, digamos NO... «No es posible en este momento», o un «lo agradezco pero no estoy interesado», o tal vez un «no es mi punto de vista sobre este tema y respeto las diferencias que tenemos»... y un sinfín de «noes» que dichos a tiempo nos evitarán conflictos principalmente internos y a veces también con terceras personas.

¿Qué utilidad tiene el ponerse caretas y actuar de forma que dejemos contentos a los demás pero nosotros nos quedemos totalmente desequilibrados?

Por otro lado, este tipo de palabras nos conducen a los afanes. Y ¿qué es el afán?

El afán es miedo a que las cosas no pasen.

Es cuando nos dedicamos a hacer las cosas más rápido pensando que así lograremos resultados. También existe la creencia de que si no hacemos algo, las cosas no pasan, y esto nos acelera y produce estrés, cuando paradójicamente lo que estamos buscando es bienestar.

Si haces tu mejor esfuerzo y estás centrado en ti, en tus capacidades, tus talentos, las cosas suceden en el momento perfecto. Cuando escuchas a tu corazón y dejas el afán, lo que corresponde fluye[8].

8 Participación de María Elvira pombo en el programa El Diario de Diana, 4-5-2016.

¿Qué es lo que pasa con el afán? Que nos vuelve prisioneros del tiempo.

El ponernos muchas tareas que hacer y hacerlas más rápido no nos garantiza sentir bienestar.

Permítete por un día la experiencia de vivir sin afán, dejándote fluir y vivir en el momento presente.

Deja de hacer y empieza a ser.

Una táctica para rebajar el afán y la prisa es aquietar el ritmo de la respiración, porque cuando estamos acelerados respiramos más rápido y a medias ya que solo utilizamos la parte alta del pecho. Empieza lentamente a hacer una respiración profunda y muy suavemente exhala el aire... Así un par de veces y notarás cómo vuelves al momento presente y estás en capacidad de ver con más claridad lo que vas a hacer.

Y, por último, envía este mensaje a tu mente: «Quiero y voy a fluir con el despliegue de lo que corresponde hoy». Te aseguro que la sensación de estar en serenidad volverá a ti.

Hoy deseo que lo pases bien y te diviertas con estos sonidos que llevan un poco el compás de nuestra vida diaria, siempre con prisas... escuchando la composición de Leroy Anderson titulada *La máquina de escribir,* que también puedes encontrar como *Concierto para máquina de escribir y orquesta.*

Puedes descargarte la canción con ayuda de este bidi:

Día 13. Gente difícil

Cada persona que ves está luchando una batalla de la que tú no sabes nada. Sé amable siempre.

Platón

Creo que no ha podido llegar a mí un mensaje tan explícito como el que aparece en esta frase de Platón para desarrollar el tema de hoy.

Somos diversos, no pensamos igual, y tarde o temprano esta variedad, manifestada en pensamientos, prioridades, principios y valores, puede generar conflictos.

Hay muchos tipos de gente y cada uno puede tener su propia definición de lo que es una persona difícil. Y del diverso material bibliográfico que tengo en mis manos, me gustaría compartir contigo lo que César Lozano dice en sus libros *Destellos, reflexiones que darán más luz a tu vida* y *El lado fácil de la gente difícil*, este último sumamente útil por su intensa humanidad, y que me ha permitido ampliar mi campo de visión y poner en práctica la tolerancia, la prudencia, el entendimiento y la compasión.

En principio, la definición que el doctor Lozano hace de «gente difícil» es la siguiente:

«Son personas con múltiples conflictos sin resolver, que pretenden agrandar su imagen a costa de lamentarse de todo, chantajear emocionalmente, y que tienen miedo de ser agredidas en alguna forma y tratan de dañar la imagen de los demás».

En *El lado fácil de la gente difícil* habla de: *«personas con las que he coincidido en diferentes etapas de mi viaje por esta vida y que etiqueté como gente difícil o insoportable. Seres humanos con diferentes actitudes, costumbres, gustos, manías, obsesiones, traumas, fijaciones, complejos y resentimientos que los llevaron a actuar de determinada manera para obstaculizar mi camino y trastocar mi estabilidad emocional».*

Hay una regla que se conoce como 80-10-10 y que dice lo siguiente:

- Al 80% de la gente le caes bien
- Al 10% le resultas indiferente, ni bien ni mal
- Al 10% restante le caes mal y hasta le puedes resultar insoportable

Estos parámetros pueden distribuirse en otras proporciones, pero la verdad es que siempre existirán esos tres grupos de personas al relacionarse contigo.

Todos somos en algún momento determinado insoportables para alguien... por demasiado buenos, por alegres, por chismosos, por mentirosos, por envidiosos, por intrigantes, por resentidos, por déspotas, por posesivos, por indiferentes, por obsesivos, por agresivos, por insípidos, por carismáticos, en fin... Nadie se salva de resultar insoportable en algún momento en la vida de otros.

No es un factor determinante, pero sí frecuente, que quienes tuvieron una infancia difícil tengan una personalidad conflictiva. La infancia marca hasta tal grado que suele convertirse en un destino, donde las heridas producidas por el desamor o el exceso de protección hacen de una persona alguien difícil para ser querido o soportado.

César Lozano nos da tres «*tips*» para poder llevar de la mejor manera posible nuestras relaciones con estas personas:

1. *«Detrás de una persona difícil, hay una historia difícil». La gente difícil tiene una historia difícil, una historia que muchas veces quiere ocultar u olvidar a través de conductas que dañan a otros. Una historia que puede remontarse al tiempo en el que estuvieron en el vientre de sus madres. ¿Cómo de esperados y aceptados eran? ¿Qué vivencias y sensaciones tuvo la madre durante el embarazo? Eso también determina. O historias donde la carencia de afecto durante etapas cruciales del desarrollo formó antagonistas que obstruyen la vida de quienes los rodean.*

   No es una justificación, pero se requiere madurez para comprender la razón de sus actos.

2. *«Nadie puede hacerte la vida imposible a menos que tú lo permitas». Siempre existe la posibilidad de aceptar o no los agravios y las humillaciones. Siempre existe la posibilidad de decidir en qué medida permito que me afecten los desplantes y las agresiones de otros. Y este es precisamente el concepto que más habla de madurez o crecimiento personal.*

   La fortaleza de la gente se mide durante las adversidades, no en la tranquilidad.

   Las ofensas son como obsequios que te ofrecen. Si las aceptas, son tuyas, si no, ¿quién se quedará con ellas? Obviamente quien las brindó. No aceptar te evita gran cantidad de conflictos y te lleva a vivir bien y en paz.

   ¿A cuántas ofensas o agravios hemos respondido con agresividad y sin control? Con ello lo único que lo-

gramos es atizar el fuego y complacer al agresor que quería desestabilizarnos.

3. *«Es más fácil ponerte sandalias que alfombrar el mundo». Este concepto oriental es muy cierto: nunca podremos cambiar a toda la gente, no será como queremos. Es más fácil fortalecer tu autoestima e intentar poner armonía donde quiera que estés, para permitir que la gente y las palabras fluyan.*

   La gente ofende cuando lo necesita, cuando su vacío interior es de tal magnitud que busca llenarlo con agresividad, de hecho y de palabra.

   Permite que las cosas y la gente fluyan. No te estanques en el mar de los agravios, recuerda que cada uno es como es y nada puedes hacer al respecto.

   La gente cambia cuando se siente aceptada y valorada. La gente hace un esfuerzo por agradarte cuando ve que la aceptas tal y como es.

   No cabe duda de que la habilidad de ciertas personas para hacer sentir valorada y querida a la gente complicada genera más milagros que toda una cadena de reproches.

Hay una frase muy cierta que cuando la escuché por primera vez me causó una gran impresión y es esta:

«Ámame cuando menos lo merezca, porque es cuando más lo necesito»

Y aquí viene una historia que cuenta en este libro y que se puede aplicar en más casos de los que nos imaginamos:

«Un joven scout caminaba por la calle de la ciudad y vio un perro echado en plena vía sin moverse. Estaba herido. Un automóvil lo había atropellado y tenía fracturadas sus dos patas traseras. Los vehículos pasaban cerca y le era imposible levantarse.

El joven vio allí una gran oportunidad para hacer una buena acción y se dispuso a rescatar al perro herido y ponerlo a salvo.

Con mucho amor y entrega se acercó hablándole con palabras dulces y reconfortantes, pero el perro le clavó los dientes en las manos.

Durante mucho tiempo, este joven no entendió por qué el perro lo había mordido si quería ayudarlo.

Pasaron muchos años hasta que aquel joven vio claro que el perro no le mordió... le mordió su herida».

Cuántas veces nos ha mordido la herida de aquel a quien hemos querido ayudar y lo hemos juzgado como mejor nos ha parecido en ese momento... Pero, qué sabe nadie lo que está viviendo una persona en un momento determinado.

Y, para acabar la reflexión del día, te propongo que escuches la canción *Qué sabe nadie,* del compositor Manuel Alejandro.

Puedes descargarte la canción con ayuda de este bidi:

Día 14. Alimenta tu paz

Que el sol te traiga nueva energía cada día, que la luna dulcemente te restaure por la noche, que la lluvia se lleve tus preocupaciones, que la brisa sople nueva fuerza dentro de tu ser, que puedas caminar suavemente por el mundo y conocer su belleza todos los días de tu vida.

BENDICIÓN APACHE

Te doy la bienvenida a este segundo domingo de nuestro programa para sentirnos serenos y en paz y para ello he escogido esta imagen porque es lo que hoy te quiero regalar.

Lapazinterioresmimáspreciadotesoroyesmuycierto quenecesitaalimentarseparaquepermanezcaennuestroseryseamoscapacesdeirradiarlaytransmitiresasensacióntan gratificante.

Hoy las palabras escritas no hacen falta porque encontré este vídeo del doctor Mario Alonso Puig que habla precisamente de este tema y él te lo va a explicar mucho mejor que yo.

Al terminar de escucharlo, deseo que sientas los efectos balsámicos de la bendición apache con la que estamos empezando este capítulo.

Y ahora..., te dejo con Mario Alonso Puig.

Puedes acceder al vídeo con la ayuda de este bidi:

Día 15. Las expectativas

Había dos niños que patinaban sobre una laguna congelada cuando, de pronto, el hielo se reventó y uno de los niños cayó al agua.
El otro niño, viendo que su amigo se ahogaba debajo del hielo, tomó una piedra y empezó a golpear con todas sus fuerzas hasta que logró quebrarlo y así salvar a su amigo.
Cuando llegaron los bomberos y vieron lo que había sucedido, se preguntaron:
–¿Cómo lo hizo? El hielo está muy grueso, ¡es imposible que lo haya podido quebrar con esa piedra y sus manos tan pequeñas!
En ese instante, apareció un anciano y dijo:
–Yo sé cómo lo hizo.
–¿Cómo? –le preguntaron al anciano, y él contestó:
–No había nadie a su alrededor que le dijera que no se podía hacer».

GONZALO BELMONT Y OTILIA NAVARRETE

He querido empezar la reflexión de este día con esta hermosa historia en la que tal vez te hayas visto reflejado, bien por el lado del niño tenaz, o bien por el lado de los bomberos que habían etiquetado como «imposible de lograr» lo que ocurrió, en base a sus expectativas basadas en experiencias anteriores.

Las expectativas tienen dos caminos: uno nos puede conducir a conseguir algo que anhelamos y el otro nos puede impedir conseguirlo.

Por el lado positivo, al tener expectativas de algo podemos enfocar todo nuestro esfuerzo en conseguirlo, y esto puede permitirnos desarrollar habilidades hasta ese momento desconocidas para nosotros mismos. Al conseguirlo nos sentimos contentos y disfrutamos de esos momentos.

Pero también tenemos el lado negativo de las expectativas cuando no alcanzamos el objetivo, y el efecto frustrante que se produce rompe la serenidad y el bienestar de ese momento.

La frustración se produce en ese preciso momento, pero esa sensación, que se ve alimentada por el pensamiento continuado de «derrota», no cesa y se convierte en tu sombra, en tu brújula presente, quedándose como invitada especial en la película de tu vida.

A través de esta sombra no te permites ver que un nuevo día amanece y con él la oportunidad de renacer. Así, no solo dejas que la amargura brote por todo tu ser, sino que esparces esa amargura hacia los demás, algo que a veces haces sin ser consciente de ello.

Otra faceta de la expectativa es cuando proyectamos nuestra forma de ser, de pensamiento, de actuar, de sentir, de expresarnos, en los demás, esperando que ellos respondan exactamente igual o de un modo muy parecido a como lo hacemos o lo hubiésemos hecho nosotros.

Esto es algo que yo proyecté muchas veces hacia la gente que estaba dentro de mi círculo cercano en determinados momentos. Y sus reacciones o comportamientos, cuando no encajaban con lo que yo estaba esperando, me producían fastidio o decepción y pocas veces satisfacción, aún cuando el desenlace fuera bueno.

A través de la gente que nos rodea intentamos encontrar un espejo de nosotros mismos, cuando eso es imposible porque cada uno es un ser único e irrepetible.

Podremos tener muchos puntos en común o afines pero no somos iguales, y esperar que la gente diga esto o haga aquello con lo que cumpla mis expectativas, es un gran error que lleva a muchos malosentendidos.

Cada uno es libre de expresarse o reaccionar como siente, quiere o puede y, en todo caso, soy yo, eres tú, quien debe manifestar qué quiere, qué necesita o cómo le gustaría mantener la relación, sea esta de la índole que sea (fraternal, de amigos, de pareja, laboral, etc.) y así evitar crear «falsas expectativas» en los demás y responsabilizarnos solo de aquello que está bajo nuestro control.

Cosas que están fuera de mi control son las acciones y sus consecuencias, las palabras, los sentimientos, las creencias, los errores y las ideas de los demás.

Cosas que sí puedo controlar son mis palabras, mi conducta, mis acciones, mi esfuerzo, mis errores, mis ideas y sus consecuencias.

Quiero terminar con esta cita que un día recibí en el mensaje *La perla de hoy* de la Fundación El Arte de Vivir, y dice así:

«Estás aquí como una flor en un jardín.

La flor no espera nada de la creación. Está aquí solo para difundir su fragancia.

Si alguien la huele o no, eso no le importa a la flor.

No llora porque nadie huela su aroma, en cambio continúa su naturaleza de florecer y solo ser».

Sencillamente muy cierto ¿verdad?

Hoy tenemos a Diana Krall que nos deleitará con *Just the way you are...*

Puedes descargarte la canción con ayuda de este bidi:

Día 16. Perdonando

Suelto el pasado para empezar a vivir.

Anónimo

Te doy la bienvenida a este decimosexto día en el que estamos generando, o regenerando, si así te parece mejor, la energía que produce estar, mantenerse en o recuperar la serenidad.

Comprendo que hay situaciones muy dolorosas, que al igual que una espina o una espada afilada, se puedan haber quedado clavadas en nuestro ser, principalmente en nuestros recuerdos, y que insisten en producir un dolor profundo en el corazón.

Buscando cómo poder compartir este tema contigo, encontré unas notas de Ignacio Larrañaga, sacerdote franciscano muy conocido por ser el fundador de los Talleres de Vida y Oración, entre otras actividades; y por otro lado un libro que llegó a mis manos de una manera mágica porque no había forma de conseguirlo y sin embargo llegó a mí a finales del 2012. Se titula *El Perdón, herramienta para liberar tu alma* y su autora es Rosy Sandoval, mexicana, que se ha dedicado al estudio del autoconocimiento y el desarrollo del ser, especializándose en el manejo de emociones, energía y espiritualidad.

Voy a empezar con algunas notas extraídas del libro de Rosy: *«La palabra 'perdonar' viene de 'PER', que significa 'por' y DONAR, que significa 'donar' o 'gratificar'.*

Perdonar es donar o hacer una gratificación de amor y libertad del alma a uno mismo y a los demás. No nos permite perdonar:

- *Creer no merecer ser feliz*
- *Creer en castigar al otro*
- *Creer que el perdón es instantáneo*
- *Creer que los demás nos pueden hacer daño*
- *Creer que no es fácil perdonar*

Lo que no es el perdón:

- *Perdonar no es olvidar*
- *El perdón no es una palabra o frase que libere con solo mencionarla, es un trabajo espiritual en el que tiene que haber enseñanza. Si no, nos quedaremos encadenados al resentimiento y este no se detendrá hasta que hagamos un alto en el camino. Es por esto que hasta hoy solo decir la palabra 'perdón' o escribirla no te ha funcionado*
- *Perdonar no es justificarte ni justificar una mala experiencia*
- *Perdonar no es ignorar lo que está sucediendo*
- *El perdón no es ego. Es más importante ser feliz que tener la razón ante los demás*
- *Perdonar no implica un cambio de decisión*
- *El perdón no es tener que hablar directamente con la persona. El perdón es un acto espiritual individual. ¿Cómo? En el instante en que te haces responsable de tu desarrollo sin culpar al otro estás logrando que se cumpla el fin de aquello que viniste a trabajar o aprender. Es un pacto en silencio donde solo tú tienes que entender lo que aprendiste del evento vivido; debe haber una verdadera enseñanza de vida para así poder experimentar la libertad de tu alma, para vivir en paz, libre de resentimiento o culpa tu día a día, tu aquí y ahora*

- *Perdonar no es participar en el error o convertirse en cómplice*
- *Perdonar no es facilitarles el camino a los demás. Nos llamamos individuos; nadie le facilita el camino a nadie porque somos individuales*

Hay tres formas para trabajar el perdón:

1. *Perdonarnos a nosotros mismos. Si nos amamos entenderemos que el perdón es un beneficio para nosotros, y entonces iremos a desearlo y no a sabotearlo. ¿Por qué digo que si nos amamos? Porque cuando no nos amamos, una manera de no permitirnos ser felices es no perdonando, enganchándonos a resentimientos y culpas. Nos autocastigamos, no permitiéndonos ser felices, libres y sanos. Amar es permitirme equivocarme, traicionar, abandonar para aprender a ser mejor individuo.*

Amareslafuerzauniversalqueforma,transformay reforma,estádentrodenosotros,esvoluntaria,comotambién lo es perdonar.

El perdón es el único medio para sanar las heridas emocionales que vamos formando a través de nuestra historia para hacernos mejores individuos. La medicina que necesitamos para estar sanos es el amor, principalmente el amor por nosotros.

2. *Saber pedir perdón. Cuando nos hacemos responsables de nosotros mismos sin culpar a nada ni a nadie se abre un canal de comunicación sincera*

con nosotros y con el otro individuo. El perdón es por y para nosotros, en conexión directa con nuestra divinidad. La persona que tiene que ir creciendo a través de sus errores eres tú.

3. *Perdonar a los demás. Tenemos mal entendida la fortaleza del individuo. Creemos que las personas fuertes son las que lastiman, gritan, golpean, abusan de otras, física, emocional o económicamente. Y esta idea nuestra tiene que cambiar. Las personas que lastiman por lo general se comportan muy débilmente, son temerosas, inseguras; estos sentimientos son los que se esconden detrás de la rabia, pues su ego está actuando.*

   ¿Por qué te explico esto? Porque, por lo general, a las personas que no podemos perdonar las sentimos muy fuertes, las vemos grandes y las tememos. Con esta explicación trato de decirte que la grandeza se la diste tú con tu temor pues realmente no son fuertes; si lo fueran no tendrían que lastimar a los que pasan por su camino, como en este caso tal vez fue tu caso.

   Perdonar es poner a un prisionero en libertad y descubrir que el prisionero eres tú».

Y ahora algunas notas del Padre Ignacio Larrañaga:

«Si supiéramos comprender, no haría falta perdonar....

Interiorízate, relájate, descansa. Con suma tranquilidad imagina aquella persona con quien quieres reconciliarte y aplícale las siguientes reflexiones:

Fuera de casos excepcionales, nadie tiene malas intenciones, nadie es malo.

A ti te atribuyeron malas intenciones más de una vez y tú estás seguro de que nunca las tuviste. ¿No estarás tú ahora suponiendo en el otro intenciones inexistentes?

Si él te hace sufrir de esa manera, ¿ya has pensado cómo le harás sufrir tú a él? Si eso dijo él de ti ¿qué le habrán dicho de ti?

Quién sabe si lo que dijo lo dijo en un momento de ofuscación. Cualquiera de nosotros en un momento de descontrol puede decir cosas de las que se arrepienta a los cinco minutos.

Lo suyo parece orgullo; no es orgullo, es timidez.

Su actitud para conmigo parece obstinación pero es autoafirmación.

Le gustaría agradar a todos y no consigue agradar a nadie.

Le gustaría estar en paz con todo el mundo y siempre está en conflicto con todos.

Le gustaría ser encantador y es desabrido.

¿Escogió él voluntariamente ese modelo de ser? ¿Qué sentido tiene irritarse contra un modo de ser que él no escogió? ¿Merecerá la repulsa que yo le doy?

Al final, el injusto no seré yo mismo, el equivocado, no seré yo mismo.

Si supiéramos comprender, no haría falta perdonar y moraríamos en la paz».

Ahora deseo que los mágicos acordes que nos trae el maestro argentino Waldo de los Ríos, en el arreglo que realizó en la interpretación del primer movimiento de la novena sinfonía de Antonín Dvorak titulada *Nuevo mundo,* te inspiren en el descubrimiento de tu nuevo mundo interior, libre de lo que tú decidas liberarte, en el momento que tu corazón así te lo dicte...

Puedes descargarte la canción con ayuda de este bidi:

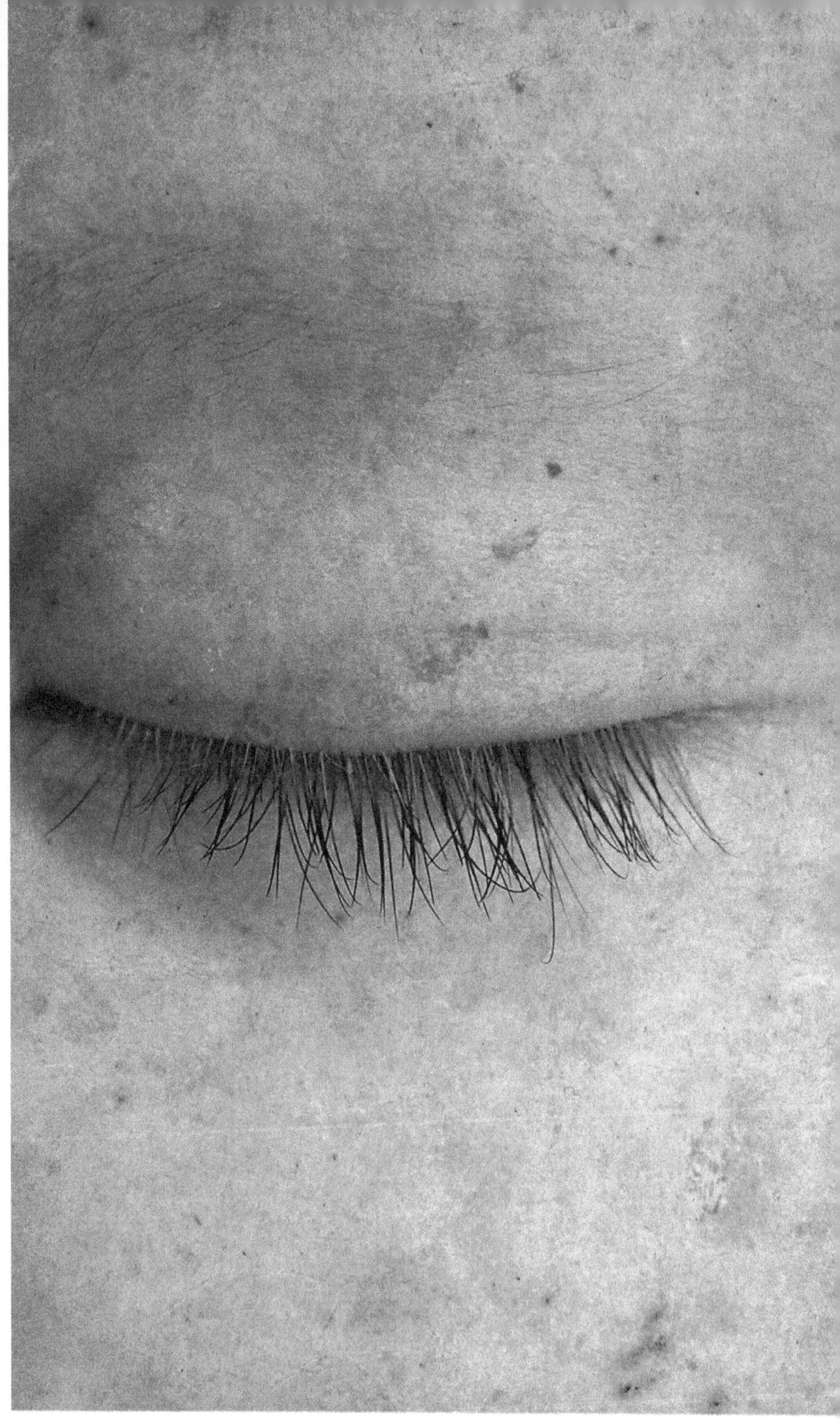

Día 17. Supongamos que...

Es fácil vivir con los ojos cerrados, interpretando mal todo lo que se ve...

JOHN LENNON

Ay... qué profunda frase de John Lennon, cantautor conocido por sus maravillosas obras y, por supuesto, por haber pertenecido a los Beatles.

He querido empezar con esta frase suya porque el tema de hoy, ya lo has visto, va de suposiciones.

Y quién mejor para explicarnos este tema que Don Miguel Ruiz, que lo desarrolló en su libro *Los Cuatro Acuerdos*. Este es el Tercer Acuerdo:

No hagas suposiciones.

Como es lógico –y esto es algo que nos encanta aplicar siempre o casi siempre en la vida, la lógica–, el cerebro humano en cuanto ve o escucha un NO, automáticamente hace lo que niega. ¿Por qué? Pues porque el cerebro no entiende de negaciones, para él todo son afirmaciones. ¿Lo sabías?

Pues ahora ya puedes comprender por qué cada vez que te haces una promesa de no hacer algo... resulta que tu estrategia te sale completamente al revés y lo terminas haciendo.

Me permitirás compartir algunos párrafos de este magnífico libro que para mí ha resultado de gran ayuda. El Tercer Acuerdo dice así:

«Tendemos a hacer suposiciones sobre todo. El problema es que, al hacerlo, creemos que lo que suponemos es cierto.

Juraríamos que es real. Hacemos suposiciones sobre lo que los demás hacen o piensan –nos lo tomamos de forma personal–, y después los culpamos y reaccionamos enviando veneno emocional con nuestras palabras. Este es el motivo por el cual siempre que hacemos suposiciones nos buscamos problemas.

Hacemos una suposición, comprendemos las cosas mal, nos lo tomamos personalmente y acabamos haciendo un gran drama de nada.

Toda la tristeza y los dramas que has experimentado tenían sus raíces en las suposiciones que hiciste y en las cosas que te tomaste personalmente. Concédete un momento para considerar la verdad de esta afirmación. Toda la cuestión del dominio entre los seres humanos gira alrededor de las suposiciones y el tomarse las cosas personalmente. Todo nuestro sueño del infierno se basa en ello.

Hacer suposiciones en nuestras relaciones significa buscarse problemas. A menudo suponemos que nuestra pareja sabe lo que pensamos y que no es necesario que le digamos lo que queremos. Suponemos que hará lo que queremos porque nos conoce muy bien. Si no hace lo que creemos que debería hacer, nos sentimos realmente heridos y decimos: 'Deberías haberlo sabido'.

El funcionamiento de la mente humana es muy interesante. Necesitamos justificarlo, explicarlo y comprenderlo todo para sentirnos seguros. Tenemos millones de preguntas que precisan respuesta porque hay muchas cosas que la mente racional es incapaz de explicar. No importa si la respuesta es correcta o no; por sí sola bastará para que nos sintamos seguros. Esta es la razón por la cual hacemos suposiciones.

Si los demás nos dicen algo, hacemos suposiciones, y si no nos dicen nada también las hacemos para satisfacer nuestra necesidad de saber y reemplazar la necesidad de comunicarnos. Incluso si oímos algo y no lo entendemos, hacemos suposiciones sobre lo que significa, y después creemos en ellas. Hacemos todo tipo de suposiciones porque no tenemos el valor de preguntar.

Con una comunicación clara, todas tus relaciones cambiarán, no solo la que tienes con tu pareja, sino también todas las demás. No será necesario que hagas suposiciones porque todo se volverá muy claro. Esto es lo que yo quiero, y esto es lo que tú quieres. Si nos comunicamos de esta manera, nuestras palabras se volverán impecables. Si todos los seres humanos fuésemos capaces de comunicarnos de esta manera, con la impecabilidad de nuestras palabras, no habría guerras, ni violencia ni disputas. Solo con que fuésemos capaces de tener una comunicación buena y clara, todos nuestros problemas se resolverían».

En conclusión, ¡cuánta energía y tiempo desperdiciados por suponer y por no comunicarnos! Además, también es un factor que desequilibra la serenidad.

Esto nos ocurre a todos, tal como lo describe Don Miguel Ruiz, y dependiendo de cuánto pretendamos parecernos a Alfred Hitchcock, en un momento determinado la película que podemos montarnos puede ser tremenda, y no precisamente porque vaya a tener nominación al Óscar, ¿no crees?

Y ahora, a petición de una buena amiga mía que me sugirió un día que incluyese una canción italiana, en el programa ha llegado a mis oídos esta bella melodía, que estoy segura de que se te quedará por un buen rato: *Il Mondo* con la voz, de Jimmy Fontana.

Puedes descargarte la canción con ayuda de este bidi:

Día 18. La felicidad

Cuando tenía cinco años, mi madre siempre me decía que la clave de la vida era la felicidad. Cuando fui a la escuela ellos me preguntaban qué quería ser cuando creciera. Yo escribí 'feliz'. Ellos me dijeron que no entendí el enunciado; yo les dije que ellos no entendían la vida.

John Lennon

Nuevamente empiezo con una frase de John Lennon, y no es que haya sido o sea una seguidora de él, pero cuando encuentro este tipo de frases, que luego él avalaba con sus canciones, no puedo dejarla pasar sin más.

«La clave de la vida es la felicidad y yo quiero ser feliz». Eso es algo que queremos todos y a pesar de ello muchas veces la felicidad la sentimos lejana o que no somos merecedores de ella, o que la hemos perdido... En fin, pareciera algo escurridizo que se nos escapa como el agua entre los dedos.

Muchos son los pensadores, literatos, filósofos, científicos, músicos, poetas, entre otros, que han emitido su concepto, su idea sobre la felicidad. Y cada uno de nosotros tiene su idea de lo que es la felicidad.

Buscando definiciones encontré este artículo amplio y preciso de un concepto muy relativo a cada individuo:

Lafelicidadesunestadodeánimoquesuponeuna satisfacción.Quienestáfelizsesienteagusto,contentoy complacido.

«Desde un punto de vista biológico, la felicidad es el resultado de una actividad neural fluida, donde los factores internos y externos estimulan el sistema límbico.

El ser humano suele sentir felicidad cuando alcanza sus objetivos y cuando logra solucionar los distintos retos que enfrenta en su vida cotidiana. En los casos en que esto no se logra, se produce la frustración que lleva a la pérdida de la felicidad.

Las personas que se sienten autorrealizadas y plenas son más serenas y estables, ya que logran un equilibrio entre las cargas emocionales y las cargas racionales»[9].

Henry David Thoreau, escritor norteamericano, es autor de uno de los clásicos fundamentales del ensayo moderno: *Walden, la vida en los bosques*, un libro escrito como denuncia contra toda servidumbre y a favor de la felicidad como única riqueza del ser humano, una felicidad que proviene de vivir intensamente el momento.

Cuando estaba preparando este programa que estamos compartiendo ahora y todavía no sabía cómo enfocarlo ni sobre qué tema centrarlo, escuché otra entrevista a Jorge Bucay en la cual le preguntaban qué era para él la felicidad, si era un camino o qué era, y él respondió lo siguiente:

«La felicidad no es ni un camino, ni un puerto; es una forma de recorrer el camino que consiste en la serenidad de saber que no estás perdido, haciéndote responsable de tus decisiones, de lo que has elegido en cada momento.

La felicidad no es la alegría, no son ni sinónimos ni complementarios.

Esta definición nos acerca mucho a la paz interior, la serenidad interna de que el camino elegido no me aleja de lo que le da sentido a mi vida.

Esta felicidad no es un momento, es una serenidad que se transforma en la manera de recorrer el camino y que se llama ser feliz».

Comparto con él este punto de vista.

Es una forma de recorrer el camino, de transitar por el viaje que es la vida, con responsabilidad sobre cada una de nuestras decisiones, con la conciencia de que, cualquiera que sea el resultado, todo estará en perfección y recibiremos la respuesta de que no estamos solos.

---

9 Fuente: www.definicion.de/felicidad/

Cuando la felicidad se convierte en la forma y no en el objetivo, podemos percibirla en cada pequeño detalle que pasa desapercibido, como poder ver el brillo del sol en el cielo azul por la mañana, en el perfume y color de las flores en primavera y de la sorprendente paleta de ocres con que el otoño pinta las hojas de los árboles, en escuchar los sonidos melódicos y armónicos de una canción... En fin, cada uno tiene en sus manos el poder de decisión para hacer un alto en el camino y reconocer la serenidad de no estar perdido.

Quiero terminar con un pensamiento muy bello, que es el epílogo de la película inglesa, *Una cuestión de tiempo,* que te recomiendo ver porque su mensaje es extraordinariamente simple y expresa lo siguiente:

«Intenta vivir cada día, disfrutarlo como si fuera el último día entero de tu extraordinaria vida ordinaria.
Todos viajamos a través del tiempo cada día de nuestras vidas.
Solo podemos esforzarnos por hacer lo mejor, por disfrutar de este notable viaje que es la Vida».

Ahora disfruta de *Orinoco flow* y fluye al compás de Enya. Puedes descargarte la canción con ayuda de este bidi:

Día 19. Con pasión

Un niño puede enseñarle a un adulto tres cosas: a estar feliz sin ningún motivo, a estar siempre ocupado con algo y a pedir con todas sus fuerzas lo que desea.

PAULO COELHO

Todo en la vida tiene un comienzo, un principio y, por supuesto, un final. Y nuestro programa de *21 días en serenidad* también está llegando a su culminación.

Esta vez vamos a echar una mirada a lo que significa hacer las cosas con pasión.

Para este tema voy a recurrir a Ismael Cala, periodista de origen cubano que fue presentador de un programa de entrevistas en la cadena CNN en español y que actualmente está dedicado en cuerpo y alma a lo que le apasiona: inspirar y guiar a todo aquel que así lo desee en su desarrollo personal, de la motivación, con constancia, aprendizaje, liderazgo y acción.

Ha escrito varios libros y he tenido la fortuna de leer dos de ellos: *Un buen hijo de P___* y *El secreto del bambú: una fábula,* y aunque el primer título te parezca inverosímil, la verdad es que, recordándonos hacer uso de nuestro maravilloso idioma, Cala propone que esa P con los tres puntos suspensivos, que corresponderían a las tres letras que todos a primera vista automáticamente pensamos que siguen a esa frase, se apliquen a tres formas de vivir: Pasión, Paciencia y Perseverancia.

Te lo recomiendo porque es algo totalmente inesperado pero lleno de grandes enseñanzas que ya sabemos pero que siempre es bueno que nos recuerden.

Volviendo a Ismael Cala, él dice lo siguiente: «*La pasión es un sentimiento intenso que ejerce entusiasmo a la hora de luchar por un objetivo en la vida, y a la vez inyecta optimismo.*

Cuando nos apasionamos, no solo lo hacemos, sino que también disfrutamos todo lo que hacemos. Los resultados son más dulces, más enaltecedores.

Cuentan que hace miles de años, un discípulo le sugiere a su maestro, un famoso sabio, disertar sobre la pasión y la razón. La historia dice que el erudito apenas lo pensó un par de segundos y sus palabras no se hicieron esperar: tu razón y tu pasión son el timón y las velas de tu alma marinera.

¡Palabras de sabio! La razón es la guía que nos conduce por los caminos de la vida.

Los humanos tenemos la posibilidad de pensar, de razonar, somos agraciados desde ese punto de vista, pero la pasión es la vela que nos impulsa. Modernizando la frase, es el motor que induce nuestro andar.

Sin embargo, la pasión por sí sola tiende a soslayar o alterar los niveles psicológicos del ser humano, puede sacarlo de sus cabales y provocar la pérdida del control del 'alma marinera'. De ahí la necesidad de apasionarse, pero nunca doblegar la voluntad y soltar el timón, pues quedaríamos a la deriva en las profundas aguas de la vida.

Pasión y razón son dos frutos del mismo árbol, pero han de brotar, crecer y madurar juntos.

Sin razón, la pasión es una veleta a merced del viento; sin pasión, la razón es una llama que se autoconsume solitaria».

Lapasióneselmotorinternoquenosmotivacadadíaa conseguirunaversiónmejoradadenosotrosmismos,quenos impideabandonarlossueñospormásdifícilquesetorneel camino.

Cuando ponemos pasión en lo que hacemos, la paleta de colores con la que pintamos nuestro día a día es intensa, luminosa, llena de creatividad, y esas emociones de bienestar que se generan nos empoderan y nos abren al descubrimiento de habilidades que desconocíamos que teníamos y eso es como magia para nuestro estado de serenidad.

Todo esto nos aleja de lo que llamo las «emociones descoloridas» como son el enfado, la ira, la frustración, la sensación de una vida rutinaria sin alicientes.

Pero también tenemos otra pasión que ejerce un poder reconstituyente en nuestro ser: la compasión.

Más intensa que la empatía, la compasión es la comprensión y la percepción del sufrimiento del otro, y el deseo de aliviar, reducir o eliminar por completo tal sufrimiento.

Y voy a compartir estas notas muy claras que he encontrado en distintas páginas y blogs en Internet:

«El origen etimológico de esta palabra viene del latin 'cumpassio' que significa acompañar, el cual fue adquirido y traducido del griego 'sympathia' y se manifiesta por principio de la empatía, pues viene del sufrimiento de otro ser, pero a su vez es más intensa, ya que incluye el deseo de aliviar, ayudar o disminuir el daño que recibe el otro.

Si de verdad deseamos ser compasivos, debemos abarcar a todos los seres sin excepción, al igual que una madre es compasiva con sus hijos aunque se porten mal»[10].

«La compasión se encuentra en actos tan sencillos como escuchar, compartir y recordar.

Con el valor de la comprensión reafirmamos y perfeccionamos otros valores como generosidad y servicio, por poner a disposición de los demás nuestro tiempo y nuestros recursos; también perfeccionamos la sencillez, porque no hacemos distinción entre las personas a las que ayudamos; solidaridad por tomar en nuestras manos los problemas ajenos haciéndolos propios; comprensión porque al ponernos en el lugar de otros descubrimos el valor de la ayuda desinteresada.

Para practicar la compasión debemos intentar ser comprensivos con los demás; todos nos equivocamos alguna vez. Piensa en alguna acción en que te hayas equivocado y recuerda si alguien fue compasivo contigo, te hizo ver tu error pero no te juzgó.

Tener compasión y sentir lástima no es lo mismo»[11].

Personalmente siento que en los momentos en los que aflora un sentimiento compasivo en mí es cuando más consciente soy de mi esencia: el amor.

Resulta muy gratificante sentir cómo puedes ser útil a otra persona cuando la escuchas en sus malos momentos dándole el apoyo, el consuelo, el hombro en quien apoyar la cabeza, los brazos que prodiguen un abrazo cuando siente que el mundo se ha desplomado y ya no hay un enfoque y ya no se ve un mañana.

---

10 Extraído de *El Valor de la Compasión* escrito por Jean Paul Díaz Casas en el blog *Humanidad Despierta*.

11 Párrafo extraído del artículo *Un valor fundamental, la compasión* escrito por Andrés Cordovés en la página web *Fulvida*.

Y, como puedes ver, volvemos a entrar y generar la energía del *boomerang*: dar y recibir.

Todos estamos vinculados, aunque no lo podamos comprender, y ejercemos de maestros y espejos, de manera que cuando somos indiferentes con alguien, lo estamos siendo con nosotros mismos porque todos los seres humanos somos de la misma naturaleza.

Quiero terminar hoy con estas palabras del Dr. Wayne Dyer sobre el impacto que produces en los demás cuando tu vibración es positiva[12]:

- *«Tu presencia transmite calma; cuando coincides con la intención ejerces una influencia tranquilizadora sobre los demás. La gente se puede sentir menos amenazada y más a gusto*
- *Tu presencia es energía para los demás; cuando dejas de alimentar a tu ego*
- *Tu presencia permite a los demás sentirse mejor con ellos mismos; y esto es gracias a que la energía compasiva surte un efecto perceptiblemente agradable, sencillamente el de sentirse bien consigo mismo*
- *Tu presencia permite a los demás sentirse unidos; unidos y conectados con toda la naturaleza, la humanidad y la intención*
- *Tu presencia transmite la sensación de un propósito; tu presencia y tu conducta en un espacio de amor, aceptación, generosidad, sin crítica, se convierten en un catalizador para que los demás sientan que tienen un propósito en la vida*
- *Tu presencia permite a los demás confiar en las auténticas conexiones personales; al transmitir los rasgos de la intención, de la energía del cambio a*

---

12 Extraído del libro *El poder de la intención.*

los demás, permites la presencia de la confianza. Los demás confían en ti y se abren a ti

- *Tu presencia sirve de inspiración a los demás para alcanzar la grandeza; en cierto sentido es uno de los efectos más potentes que transmite la intención del cambio*
- *Tu presencia alinea a los demás con la belleza; porque cuando estás conectado a la intención del cambio ves belleza por todas partes porque irradias la cualidad de la belleza. Tu percepción del mundo cambia drásticamente; todo se percibe desde la perspectiva del reconocimiento, no de la crítica*
- *Tu presencia transmite salud en lugar de enfermedad; la conexión con tu Fuente (que para mí es Dios) te mantiene centrado en lo que intentas poner de manifiesto en tu vida, evitando dedicar energía a lo que no deseas. Ese centro interno no te permite lamentarte de tus achaques ni pensar en la enfermedad, el dolor o los problemas físicos. Tu energía está siempre centrada en crear amor y en expandir la perfección de la que surgiste, lo que incluye tu cuerpo y todas tus creencias sobre tu ser físico»*

Pienso que a muchos nos gustaría producir ese impacto en los demás y lo mejor de todo es saber que no es imposible de conseguir, aunque es de vital importancia creer en que el cambio es posible, porque así es.

Y hoy quiero que te dejes llevar por los compases del *Preludio Nº1 en Do mayor* para piano de Johan Sebastian Bach.

Puedes descargarte la canción con ayuda de este bidi:

Día 20. ¿Y qué tal si hablamos de amor?

Solo con el corazón se puede ver bien, lo esencial es invisible para los ojos.

ANTOINE DE SAINT-EXUPÉRY

Cuánta certeza hay en lo que dice Antoine de Saint-Exupéry a través de ese maravilloso y entrañable personaje de *El Principito.*

Mucho se ha hablado, se habla y se seguirá hablando del amor, tanto que puede llegar a parecer un tema sobrentendido y para algunos hasta algo cursi.

El amor está conceptuado de diversas formas dependiendo de las ideologías y los puntos de vista (artístico, científico, filosófico y religioso). De manera habitual, y fundamentalmente en Occidente, se interpreta como un sentimiento relacionado con el afecto y el apego cuyo resultado produce una serie de actitudes, emociones y experiencias.

Sabemos que tiene muchas formas de manifestarse: el amor a uno mismo, el amor incondicional, el filial, fraternal, de amistad, el amor romántico, confluente, sexual, platónico, a Dios o hacia una deidad y, en fin, el amor universal...

Hasta aquí tenemos los conceptos en sus más técnicas y explícitas definiciones.

Pero a mí todos ellos siempre me han parecido algo encasillados; no quiero decir que no tengan sentido, sino que en medio de toda esta retórica, la esencia del amor se pierde un poco, o a veces mucho, porque el amor es parte fundamental de nosotros, es la esencia de todo ser humano, es, por así decirlo, su código genético.

Quiero volver a compartir lo que Neale Donald Walsch presenta en su libro *Conversaciones con Dios I*:

«Cualquier acción emprendida por los seres humanos se basa en el amor o en el temor, y no simplemente las que afectan a las relaciones. Las decisiones relativas a los negocios, la industria, la política, la religión, la educación de nuestros jóvenes, la política social de vuestras naciones, los objetivos económicos de vuestra sociedad, las decisiones que implican guerra, paz, ataque, defensa, agresión, sometimiento; las determinaciones de codiciar o regalar, de ahorrar o compartir, de unir o dividir: cualquier decisión libre que toméis se deriva de los dos únicos pensamientos posibles que existen: un pensamiento de amor o un pensamiento de temor.

El temor es la energía que contrae, cierra, capta, huye, oculta, acumula y daña.

El amor es la energía que expande, abre, emite, permanece, revela, comparte y sana.

El temor se aferra a todo lo que tenemos; el amor lo regala. El temor prohíbe; el amor quiere. El temor agarra; el amor deja ir. El temor duele; el amor alivia.

El temor ataca; el amor repara.

Habéis aprendido a vivir en el temor. Se os ha hablado de la supervivencia de los más capacitados, y de la victoria de los más fuertes y el éxito de los más inteligentes. Pero se os ha dicho muy poco sobre la gloria de los que más aman.

De este modo, os esforzáis por ser los más capacitados, los más fuertes, los más inteligentes –de una u otra manera–, y si en una situación determinada percibís que vosotros lo sois menos, tenéis miedo de perder, puesto que se os ha dicho que ser menos significa perder.

Pero Yo os enseño esto: cuando escojáis la acción promovida por el amor, entonces haréis algo más que sobrevivir, haréis algo más que vencer, haréis algo más que tener éxito.

Entonces experimentaréis plenamente la gloria de quienes realmente sois, y quienes podéis ser».

El temor es energía que contrae mientras que el amor es energía que expande, emite, permanece, comparte, sana...

En las relaciones de pareja es donde se da lugar a la mayor cantidad de conflictos porque se nos ha dicho y se nos ha enseñado que necesitamos a alguien que nos complemente para poder sentir, para poder vivir el amor de una manera completa.

Permíteme transcribir otros párrafos de *Conversaciones con Dios I*, que voy a entremezclar un poco porque resultan muy elocuente a este respecto:

«Para la mayoría de la gente, el amor responde a la satisfacción de una necesidad.

Cada uno sabe lo que necesita. Tú necesitas una cosa; el otro necesita otra. Y cada uno ve en el otro una posibilidad de satisfacer esa necesidad.

La mayoría de la gente inicia las relaciones por los motivos 'equivocados': poner fin a su soledad, llenar un vacío, conseguir amor o tener alguien a quien amar; y estos son los mejores motivos. Otros lo hacen para tranquilizar su ego, acabar con sus depresiones, mejorar su vida sexual, recuperarse de una relación anterior, o –lo creas o no– para aliviar su aburrimiento.

De modo que se establece ese intercambio tácito. Yo te doy lo que tengo si tú me das lo que tienes.

Se trata de una transacción. Pero no decís la verdad al respecto. No decís '¡Cuánto intercambio contigo!', sino '¡Cuánto te quiero!', y luego viene el desengaño».

Qué revelador ¿verdad? Cuántas personas empujadas por los dictámenes de la sociedad, que tiene establecidos «tiempos máximos» para las edades del hombre y la mujer dentro de los cuales deberían haber formado una familia, deberían estar casados o deberían tener pareja, o un sinfín de paradigmas que tienen que aplicarse, han tomado decisiones basadas en no quedar fuera de lo que la sociedad califica como «normal», y el compromiso que significa el matrimonio, de tolerancia, aceptación y reciprocidad, va agotándose hasta desaparecer, porque el pilar fundamental, la energía que crea, expande, permite, permanece, sana, o sea, el amor, no forma parte activa del mismo.

Josef Zinker propone, en su libro *El proceso creativo,* lo siguiente:

Elamoreselregocijoporlasolaexistenciadelapersona amada.

A mí esta frase, esta definición, me resuena completamente en el corazón, vibra en mi ser y toca mi alma con suavidad y deleite, porque en efecto, el solo hecho de la existencia de la persona amada activa la maravillosa energía creativa, sanadora, generosa, reparadora, luminosa que es el amor y, sobre todo, porque eso es lo que somos: seres creados con amor.

Jorge Bucay lo define así:

«El amor es la sincera decisión de ocuparse en crear un espacio de libertad para la persona amada. Un espacio tan grande y no condicionado como para que esta persona pueda elegir lo que desee, aun cuando su decisión no me agrade, aun cuando su elección no me incluya».

Me quedo con esta hermosa idea, porque si sentimos esta sincera decisión de amar, no haremos prisioneros, ni desearemos cubrir necesidades, pues nuestra vibración no estará en la carencia y seremos capaces de reconocer cuánto amor recibimos de diferentes formas y fuentes, así como cuánto amor damos.

Y, para terminar, te dejo con Wayne Dyer, que en su libro *Construye tu destino,* en el sexto principio: «Conéctate a la fuente divina con un amor incondicional», nos recuerda lo siguiente:

«La energía del amor disuelve las limitaciones.

La energía de amor incondicional es el poder que está detrás de la Creación. Guía todas nuestras leyes naturales. Podemos imaginar este amor como una vibración que transmite las formas de pensamiento a una expresión material. En su naturaleza más elevada, el amor es la fuerza que reconocemos como la voluntad de Dios.

Es la alquimia que asumimos para encontrar sentido a la forma en que se materializan las cosas desde el mundo del espíritu.

Ten muy en cuenta, sobre todo, que el amor transforma.

Cada acto de amor libera energía bloqueada en tu cuerpo. El amor incondicional cura el cuerpo y la mente. El amor es una frecuencia con la que puedes sintonizarte, del mismo modo que sintonizas una frecuencia en la radio».

José Luis Perales es nuestro invitado en este día con su composición *Por Amor*, porque... por amor es más fácil vivir en libertad.

Puedes descargarte la canción con ayuda de este bidi:

Día 21. Volver a los diecisiete

Que el camino venga a tu encuentro,
que el viento sople siempre a tu espalda,
que el sol te dé siempre en la cara,
que la lluvia caiga lentamente en tu campo y,
hasta que volvamos a vernos...
Que Dios te tenga en la palma de su mano».

BENDICIÓN IRLANDESA

Te doy la bienvenida a este día, en el que, de corazón a corazón, te quiero expresar mi más profunda gratitud por haberme permitido compartir contigo durante estos 21 días, la maravillosa experiencia de dar y recibir desde la más poderosa frecuencia que existe: el amor, que es el ingrediente principal de la serenidad, de ser-en-unidad.

Si recuerdas, el primer día también estaba esa mano, que es tu mano, que es mi mano, recibiendo la mariposa que nos venía trayendo amorosamente la serenidad.

Hoy es tu mano, es mi mano la que la suelta, la que deja ir para que la energía de amor y serenidad que nos ha dejado siga fluyendo hacia nuestro entorno.

Hoy quiero narrarte el cuento *La isla de los sentimientos* escrito por Jorge Bucay. Como posibilidad incorporo también la versión en audio que con mucho amor he preparado para ti, por si te resulta más fácil escucharlo. Pero recuerda que luego debes seguir leyendo el texto del día 21. Puedes descargar el audio con la ayuda de este bidi:

«Érase una vez una isla donde habitaban todos los sentimientos: la alegría, la tristeza y muchos más, incluyendo el amor. Todos los sentimientos estaban allí. A pesar de los roces naturales de la convivencia, la vida era sumamente tranquila, hasta previsible. A veces, la Rutina hacía que el Aburrimiento se quedara dormido, o el Impulso armaba algún escándalo, pero muchas veces, la Constancia y la Convivencia lograban aquietar al Descontento.

Un día... inesperadamente para todos los habitantes de la isla, el Conocimiento llamó a reunión.

Cuando la Distracción se dio por enterada y la Pereza llegó al lugar de encuentro, todos estuvieron presentes. Entonces el Conocimiento dijo:

–Tengo una mala noticia que darles... La isla se hunde...

Todas las emociones que vivían en la isla dijeron:

–¡No como puede ser! ¡Si nosotros vivimos aquí desde siempre!

El conocimiento repitió:

–La isla se hunde.

–¡Pero no puede ser! ¡Quizás estás equivocado!

–El Conocimiento nunca se equivoca –dijo la Conciencia, dándose cuenta de la verdad–. Si él dice que se hunde, debe ser porque se hunde.

–Pero... ¿qué vamos a hacer ahora? –preguntaron los demás. Entonces el Conocimiento contestó:

–Por supuesto, cada uno puede hacer lo que quiera, pero yo les sugiero que busquen la manera de abandonar la

isla.... Construyan un barco, un bote, una balsa o algo que les permita irse, porque el que permanezca en la isla desaparecerá con ella.

–¿No podrías ayudarnos? –preguntaron todos porque confiaban en su capacidad.

–¡No! –dijo el Conocimiento–, La Previsión y yo hemos construido un avión y en cuanto termine de decirles esto, volaremos hacia la isla más cercana...

Las emociones dijeron:

–¡No! ¡Pero no! ¿Qué será de nosotros?

Dicho esto, el Conocimiento se subió al avión con su socia y, llevando de polizón al Miedo, que no es tonto –ya se había escondido en el motor–, dejaron la isla.

Todas las emociones, en efecto, se dedicaron a construir un bote, un barco, un velero... Todas... salvo el Amor. Porque el amor estaba tan relacionado con cada cosa de la isla que dijo:

–Dejar esta isla... después de todo lo que viví aquí... ¿Cómo podría yo dejar este arbolito, por ejemplo? Ahhh... Compartimos tantas cosas... –Y mientras las emociones se dedicaban a fabricar el medio de irse, el Amor se subía a cada árbol, olió cada rosa. Se fue hasta la playa y se revolcó en la arena como solía hacer en otros tiempos. Tocó cada piedra... y acarició cada rama... Al llegar a la playa, exactamente al lugar desde donde el sol salía, su lugar favorito, quiso pensar con esa ingenuidad que tiene el Amor:

–Quizás la isla se hunda por un ratito... y después resurja... ¿por qué no? –Y se quedó días y días midiendo la altura de la marca, para revisar si el proceso de hundimiento no era reversible... La isla se hundía cada vez más. Sin embargo, el Amor no podía pensar en construir nada, porque estaba tan dolorido que solo era capaz de llorar y gemir por lo que perdería. Se le ocurrió entonces que la isla era muy grande y que, aun cuando se hundiera un poco, él siempre podría refugiarse en la zona más alta...

Cualquier cosa era mejor que tener que irse. Una pequeña renuncia nunca había sido un problema para él. Así que una vez más, tocó las piedritas de la orilla y se arrastró por la arena... y otra vez se mojó los pies en la pequeña playa... que otrora fuera enorme.

Luego, sin darse cuenta demasiado de su renuncia, caminó hacia la parte norte de la isla, que, si bien no era la que más le agradaba, era la más elevada. Y la isla se hundía cada día un poco más. Y el Amor se refugiaba cada día en un lugar más pequeño.

–¡¡¡Después de tantas cosas que pasamos juntos!!! –le reprochó a la isla. Hasta que, finalmente, solo quedó una minúscula porción de suelo firme; el resto había sido tapado completamente por el agua.

En ese mismo momento, el Amor se dio cuenta de que la isla se estaba hundiendo de verdad.

Y comprendió que, si no dejaba la isla, el Amor desaparecería para siempre de la faz de la Tierra.

Caminando entre senderos anegados y saltando enormes charcos de agua, el Amor se dirigió a la bahía.

Ya no había posibilidades de construirse una salida como la de todos; había perdido demasiado tiempo en negar lo que perdía y en llorar lo que desaparecía poco a poco ante sus ojos... Desde allí podría ver pasar a sus compañeros en las embarcaciones. Tenía la esperanza de explicar su situación y de que alguno de sus compañeros lo comprendiera y lo llevara. Buscando con los ojos en el mar, vino venir el barco de la Riqueza y le hizo señas. Se acerco la Riqueza que pasaba en un lujoso yate y el Amor dijo:

–Riqueza, llévame contigo. Yo sufrí tanto la desaparición de la isla que no tuve tiempo de armarme un barco.

–La Riqueza contestó:

–No puedo, hay mucho oro y plata en mi barco, no tengo espacio para ti, lo siento –y siguió camino, sin mirar atrás. Le pidió ayuda a la Vanidad, a la que vio venir en

un barco hermoso, lleno de adornos, caireles, mármoles y florecitas de todos los colores, que también venia pasando:

–Vanidad, por favor ayúdame –y ella le respondió:

–¡¡¡Imposible, Amor, es que tienes un aspecto!!!... ¡Estás tan desagradable! tan sucio, y tan desaliñado!... Perdón pero afearías mi barco –y se fue...

Pasó la Soberbia, que al pedido de ayuda contestó:

–¡Quítate de mi camino o te paso por encima!

Como pudo, el Amor se acercó al yate del Orgullo y, una vez más, solicitó ayuda. La respuesta fue una mirada despectiva y una ola casi lo asfixia. Entonces el Amor pidió ayuda a la Tristeza:

–¿Me dejas ir contigo? –La Tristeza le dijo:

–Ay Amor, tú sabes que estoy taaaán triste que cuando estoy así prefiero estar sola. Pasó la Alegría y estaba tan contenta que ni siquiera oyó al Amor llamarla. Desesperado, el Amor comenzó a suspirar con lágrimas en sus ojos. Se sentó en el pedacito de isla que quedaba, a esperar el final... De pronto, el Amor sintió que alguien chistaba:

–Psst psst psst... –Era un desconocido viejito que le hacía señas desde un bote a remos. El Amor se sorprendió:

–A mí –preguntó, llevándose una mano al pecho.

–Sí, sí –dijo el viejito–, a ti. Ven sube a mi bote, yo te salvo. –El Amor lo miró y le quiso explicar lo que pasó.

–Es que yo me quedé...

–Yo entiendo –dijo el viejito sin dejarlo terminar la frase–. Sube.

El Amor subió al bote y juntos empezaron a remar para alejarse de la isla. No pasó mucho tiempo antes de poder ver cómo el último centímetro de la isla se hundía y desaparecía para siempre...

–Nunca volverá a existir una isla como esta! –murmuró el amor, quizás esperando que el viejito lo contradijera y le diera alguna esperanza.

–No –dijo el viejo–, como esta, nunca.

Cuando llegaron a la isla vecina, el Amor estaba tan feliz que se olvidó preguntarle su nombre. Cuando se dio cuenta, y quiso agradecérselo; el viejecito había desaparecido. Entonces el Amor, muy intrigado, fue en busca de la Sabiduría para preguntarle:

–¿Cómo puede ser?? Yo no lo conozco y él me salvó...

–Todos los demás no comprendían que hubiera quedado sin embarcación, pero él me salvó, me ayudó y yo ahora, no se ni siquiera quién es... –Entonces la Sabiduría lo miró largamente a los ojos, y le dijo:

–Es el único capaz de conseguir que el Amor sobreviva cuando el dolor de una pérdida le hace creer que es imposible seguir. El único capaz de darle una nueva oportunidad al amor cuando parece extinguirse. El que te salvó, Amor, es el Tiempo...»

El tiempo... al que muchas veces vemos como un enemigo porque nos apresura en nuestro afán diario, ese mismo tiempo que convertimos en carcelero de recuerdos, de pensamientos asociados a emociones descoloridas como la ira, el enojo, la frustración..., entre otras, que disparan las reacciones automáticas en nuestro cerebro dejando al corazón sin poder agregar su cuota de inteligencia emocional redentora y que nos devuelve la serenidad.

Por eso lo más importante es vivir nuestro tiempo, el día a día, en el aquí y ahora, que nos centra, nos focaliza y nos permitimos ser quienes realmente somos.

El amor es energía que crea, que sana, expande, abre, emite, revela... y es la energía que ha creado este hermoso programa al que puse el nombre de *21 días en serenidad.*

Cada uno de los 21 días ha sido concebido con una gran dosis de amor incondicional, que me ha llenado de una serenidad inexplicable porque es como volver a sentir profundamente como un niño frente a Dios, y eso es lo que siento yo en este instante fecundo.

Desde la experiencia de haber vivido en ausencia de amor, es decir, desde el miedo, y con el empujón suave y revelador del amor, el resultado es esto, que es real y tangible y que tú también sientes ahora o sentirás muy pronto porque la energía de dar y recibir, del *boomerang* que nunca regresa en vacío, ya está circulando en ti, en mí y en nuestro entorno.

Quiero que recuerdes esta frase de León Tolstoi, escrita en su novela *Guerra y Paz,* y que aparece como epílogo en la versión cinematográfica del año 1956:

«Lo más difícil, pero esencial, es amar la vida, amarla aun cuando uno sufra, porque la vida lo es todo. La vida es Dios y amar la vida significa amar a Dios»

Voy a dejarte con esta hermosísima canción, cuya letra pertenece a Violeta Parra. Cuando la escuché a conciencia volví a sentirme como un niño frente a Dios. La canción se llama *Volver a los diecisiete* de allí el título de este día.

Te ruego que las escuches y deseo que se convierta en tu himno personal cuando así lo desees. Puedes descargarte la canción con ayuda de este bidi:

Adiós, que quiere decir hasta que Dios nos vuelva a reunir... Con todo mi amor.

Y, recuerda: eres único, eres bello, eres perfecto tal como ya eres y puedes darte permiso para mostrar una versión mejorada de ti mismo cuando así lo decidas.

Y hasta que volvamos a compartir un espacio de tiempo...

En cada nuevo amanecer... ¡conéctate!

Ana Palacios

En esta era digital, la palabra conexión está muy extendida. Todos estamos conectados de alguna manera a través de redes sociales, de teléfonos móviles y de Internet y sus múltiples aplicaciones.

Parece que no hay individuo alguno que no esté conectado de alguna manera.

Pero, ¿qué significa «conectar»?

Conectar significa unir o poner en contacto dos o más cosas para que entre ellas se establezca una relación o una comunicación.

De acuerdo con esta definición, prácticamente podemos decir que todos tenemos al menos una conexión en nuestra vida (aparte de nuestras fascinantes conexiones cerebrales).

Por la calle, en los medios de transporte, en los lugares públicos, en las oficinas, en los restaurantes y lugares de ocio, en fin, por todos lados vemos a la gente «conectada a su teléfono móvil» o «conectada a su *tablet* o iPad» intercambiando mensajes con una o más personas.

Todo parece estar funcionando y, sin embargo, somos nosotros mismos los que estamos «desconectados». Pero ¿desconectados en qué o de qué? Nada más y nada menos que de nuestro propio ser, porque a veces olvidamos que no solo tenemos un cuerpo físico, sino que también tenemos una mente y un espíritu a los que hay que nutrir y mantener conectados.

Me gustaría aclarar que el espíritu, la espiritualidad, no es un sinónimo de religión, no está directamente relacionado con una práctica religiosa, sino que debe entenderse como la disposición para desarrollar la intención de experimentar estados especiales de bienestar a través de lo espiritual, y lo espiritual es algo inmaterial, algo no regido por las leyes de la materia.

Carl Gustav Jung, psiquiatra, psicólogo y ensayista suizo, escribió:

«*Entre todos mis pacientes que se encontraban en la segunda mitad de la vida, es decir con más de treinta y cinco años, no hubo ni uno cuyo problema más profundo no estuviese constituido por la incapacidad de ligarse y religarse a todas las cosas. Hoy las personas están desconectadas de la Tierra, del ánima (de la dimensión de sentimiento profundo), y por eso con una espiritualidad sin rumbo o sin espiritualidad. Han perdido su meta. Han perdido de vista la realidad de quiénes son y de lo que en realidad es valioso*».

Buscando la aprobación de los demás te desconectas de ti mismo, te ausentas de ti y olvidas que la única y más importante aprobación tiene que venir de tu propio ser.

Cuando no me acepto, esa es la frecuencia que transmito y esa es la energía que desprendo, de desvalorización y de ser casi invisible a los demás.

Y entonces es cuando hay más facilidad de estar conectado a pensamientos negativos que activan emociones aflictivas que bloquean el proceso creativo, disminuyen la capacidad para aprender, generan insomnio, alteran la coagulación, entre otros malestares que se manifiestan a nivel físico. Y estos pensamientos se convierten en creencias que alteran la realidad que observamos y nos dejan una percepción de la vida muy limitada y con un alto grado de hostilidad, muy alejada de estar en serenidad.

Yo no llegaba a comprenderlo en toda su profundidad hasta que casi sin darme cuenta comencé a cambiar la percepción que tenía de mí misma, y entonces empezó un proceso que me está permitiendo fluir con la vida, porque lo que corresponde fluye cuando sueltas el miedo.

Todo está en hacer la prueba, en probar y experimentarlo.

Cuando te encuentras con personas que han decidido conectarse consigo mismas, te podrán dar fe de cómo todo lo que tenía que asistirlos en ese proceso fue apareciendo en el momento preciso, como si hubiesen frotado una lámpara mágica.

Y al estar conectado con tu esencia, con tu fuente de vida, las manifestaciones del ser de luz que somos cada uno de nosotros van dándose a través del agradecimiento, de la gratitud profunda que emana a cada instante de vida con conciencia y presencia en el aquí y ahora, por cada cosa que hacemos, por cada cosa que recibimos, por cada emoción compartida, por cada pequeño gesto que damos y recibimos.

El mañana siempre es nuevo y está limpio de errores. Esa es la magia de la vida, de cada nuevo amanecer en el que decidimos estar conectados con nuestra esencia, que es el amor, y que es el antídoto para el miedo, porque ya sabemos que el miedo es ausencia de amor.

Gaby Vargas, empresaria y comunicadora mexicana, en su libro *Conéctate: contigo mismo, con los demás, con el Universo,* expresa lo siguiente:

«Hoy puedo ver con claridad que de manera misteriosa una vida conectada a la espiritualidad nos da autenticidad, mayor conciencia del momento presente, así como mayor conexión con uno mismo, con el otro o con un Poder Superior. Esto es lo que en realidad da carisma a las personas, elemento que equivocadamente buscamos en lo exterior y en lo tangible».

Permíteme compartir este párrafo del libro *Volver al Amor* de Marianne Williamson y que fue utilizado por Nelson Mandela en el discurso cuando asumió la presidencia de Sudáfrica en 1994:

«Lo que más miedo nos da no es ser incapaces.

Lo que más miedo nos da es ser poderosos más allá de toda medida.

Es nuestra luz, no nuestra oscuridad la que más nos asusta.

¿Quién soy yo para ser una persona brillante, hermosa, dotada, fabulosa?

En realidad, ¿quién eres para no serlo?

Eres un hijo de Dios, y si juegas a empequeñecerte, con eso no sirves al mundo.

Encogerte para que los que te rodean no se sientan inseguros no tiene nada de iluminado. Todos estamos hechos para brillar, como brillan los niños.

Nacimos para poner de manifiesto la gloria de Dios que está dentro de nosotros.

No solo en algunos, sino en todos nosotros.

Y si dejamos brillar nuestra propia luz, inconscientemente daremos permiso a los demás para hacer lo mismo.

Al liberarnos de nuestro propio miedo, nuestra presencia automáticamente liberará a los demás».

Al liberarnos de nuestro propio miedo permitimos que el amor se manifieste y con nuestra presencia tocamos de alguna manera inesperada e insospechada a los demás.

Termino con este profundo y sincero pensamiento que nos llama a conectarnos con la luz que somos, con el amor que es nuestra esencia y a brillar con intensidad porque tú, porque yo, somos una expresión de la vida.

Todo ocurre en un momento en la vida y por eso me gustaría que escuchases esta hermosa canción *One moment in time* que interpretó magistralmente Whitney Houston.

«...then, in that one moment of time I will feel eternity... I will be free...»[13]

Puedes descargarte la canción con ayuda de este bidi:

13 *«...pues, en ese momento en el tiempo, sentiré la eternidad... seré libre...»*

Agradecimientos

Cuando empecé a diseñar y desarrollar cada uno de estos 21 días y más... mi único propósito era poder compartir un espacio de reflexiones sencillas y potentes que nos reconectaran con nuestra esencia, cuya energía creadora, liberadora, balsámica está siempre dentro de cada uno, y que al recordar nos permite vernos con toda nuestra luz: el amor.

Y tener muy presente, sobre todo, que el único enemigo y antagonista del amor es el miedo, ese miedo que atenaza, paraliza y no permite disfrutar de todas las infinitas posibilidades que tiene la vida.

Por eso, mi agradecimiento va hacia toda persona que con su presencia en mi vida en algún momento me proporcionó un reto que afrontar, y en otros fue el soporte en el que apoyarme, de quien recibir consuelo y la motivación necesaria y suficiente para seguir adelante.

Unas veces estos maestros fueron muy amorosos, otras no tanto, y algunas cuantas fueron algo severos y hasta hostiles, pero todos aportaron y siguen aportando los elementos necesarios para que me siga dando permiso para cincelar una mejor versión de mí.

Por ello, en primer lugar, les agradezco a mis padres, Carlos y Elsa, que pusieron una gran dosis de amor en sus enseñanzas, invitándome a apreciar lo afortunada que siempre he sido y a valorar a las personas por la nobleza de sus actos.

También doy gracias a mis hermanas María Angélica y Teresa que me apoyan incondicionalmente en mis proyectos, por locos que parezcan, con mucho amor.

A mis abuelos, a mis padrinos, por la gran valentía y coraje que mostraron en su día a día, a mis adorados tíos

Memo y Vicky, que fueron ángeles en la Tierra para los que tuvimos la suerte de conocerlos y recibir el profundo amor que nos profesaban a todos.

A mis queridas «hermanas del corazón», mis amigas de la universidad, Rosa, Cecilia, Lucía, Susana y Ana María, que fueron las primeras que me animaron a dar el paso para hacer que este material llegase a más personas.

No olvido, y quiero mencionar con todo mi amor, a mis queridas amigas Letty, a quien le debo el título de esta obra (sí Letty, tú me diste la idea sin siquiera saberlo) y a quien considero como una de sus madrinas e impulsora, a Luisa, Flor, Lorena, Mónica, Adela, a Katina, a la que guardo eterna gratitud por su apoyo incondicional en este «mi *journey*» como ella le llama.

A todos mis amigos, los que siguen acompañándome en mi viaje y los que se bajaron en otras estaciones o cambiaron de vagón, porque todos me han legado algo para recordar.

Mi gratitud también para María José, que es la otra madrina de estos *21 días en serenidad*, porque cuando todavía tenía dudas sobre cómo empezar, me animó y me dio el impulso que necesitaba y luego se convirtió en el nexo para llegar a Editorial Kolima.

A Marta Prieto Asirón de Editorial Kolima, por confiar en este proyecto sin conocerme.

A Max, porque su presencia en mi vida ha sido como una llave mágica que me aportó el valor y el ánimo suficientes para abrir y ver el cofre de tesoros que hay dentro de mí y que hay dentro de cada ser humano.

A los «niños de mi corazón», que llenan de calidez y colores maravillosos cada momento compartido.

Y, lo más importante, doy gracias a Dios por haberme permitido ser el lápiz en sus manos expresando el sentir sereno de cada día.

Con profunda gratitud,

Ana

Bibliografía

- Neale Donald Walsch, *Conversaciones con Dios I*
- Don Miguel Ruiz, *La Maestría del Amor* y *Los Cuatro Acuerdos*
- César Lozano, *Destellos-reflexiones que darán más luz a tu vida* y *El lado fácil de la gente difícil*
- Rosy Sandoval Buenrostro, *El perdón, herramienta para liberar tu alma*
- Wayne Dyer, *El Poder de la Intención*
- Wayne Dyer, *Construye tu destino*
- Josef Zinker, *El proceso creativo*
- Fundación El Arte de Vivir, *La Perla de Hoy*
- Mi Casa –*Veracidad, optimismo, vida (Volumen III)*
- Jorge Bucay, *La Isla de los Sentimientos*
- Gaby Vargas, *Conéctate*
- Marianne Williamson, *Volver al amor*

Artículos extraídos de Internet:

- *El valor de la compasión* por Jean Paul Díaz Casas (Blog Humanidad Despierta)
- *Un valor fundamental, la Compasión* por Andrés Cordovés (Fulvida)
- *Pasión y razón, dos frutos del mismo árbol* por Ismael Cala publicado en la Columna de Cala en su página web ismaelcala.com en diciembre de 2013
- Conferencias del Dr. Mario Alonso Puig
- Programa de televisión *El Diario de Diana* con la participación de María Elvira Pombo

Ana Palacios

Nació en Lima (Perú) en 1963 y desde pequeña recibió una sólida formación académica, cultural y espiritual que le permitió ampliar sus fronteras cuando con 27 años decidió emigrar a Madrid y salir del área de seguridad y confort.

La experiencia de haber vivido en lo que ella llama «la dimensión desconocida», que no es otra cosa que ansiedad con ataques de pánico diarios durante casi cuatro años, la llevó a una búsqueda para salir de esa situación. Así encontró mucho material de lectura y, por supuesto, personas maravillosas que despertaron en ella la inquietud por transmitir su experiencia y poder animar a quienes puedan estar pasando por situaciones angustiosas.

Ana es una escritora creativa y valiente que intenta generar una conexión con la gente difundiendo el bálsamo y la paz que necesitan para transformar sus vidas, para tomar acciones que creen nuevas oportunidades de cambio que dejen de verse como lejanas e imposibles.

Paralelamente a su actividad profesional como economista, sigue desarrollándose en la expresión de sus ideas a través de su blog *Fluye como Agua Viva*.

KOLIMA
BOOKS

www.ingramcontent.com/pod-product-compliance
Ingram Content Group UK Ltd.
Pitfield, Milton Keynes, MK11 3LW, UK
UKHW021827270726
14058UKWH00001B/24

9 788416 994915